オリーブオイルで
とろける
やわらか野菜

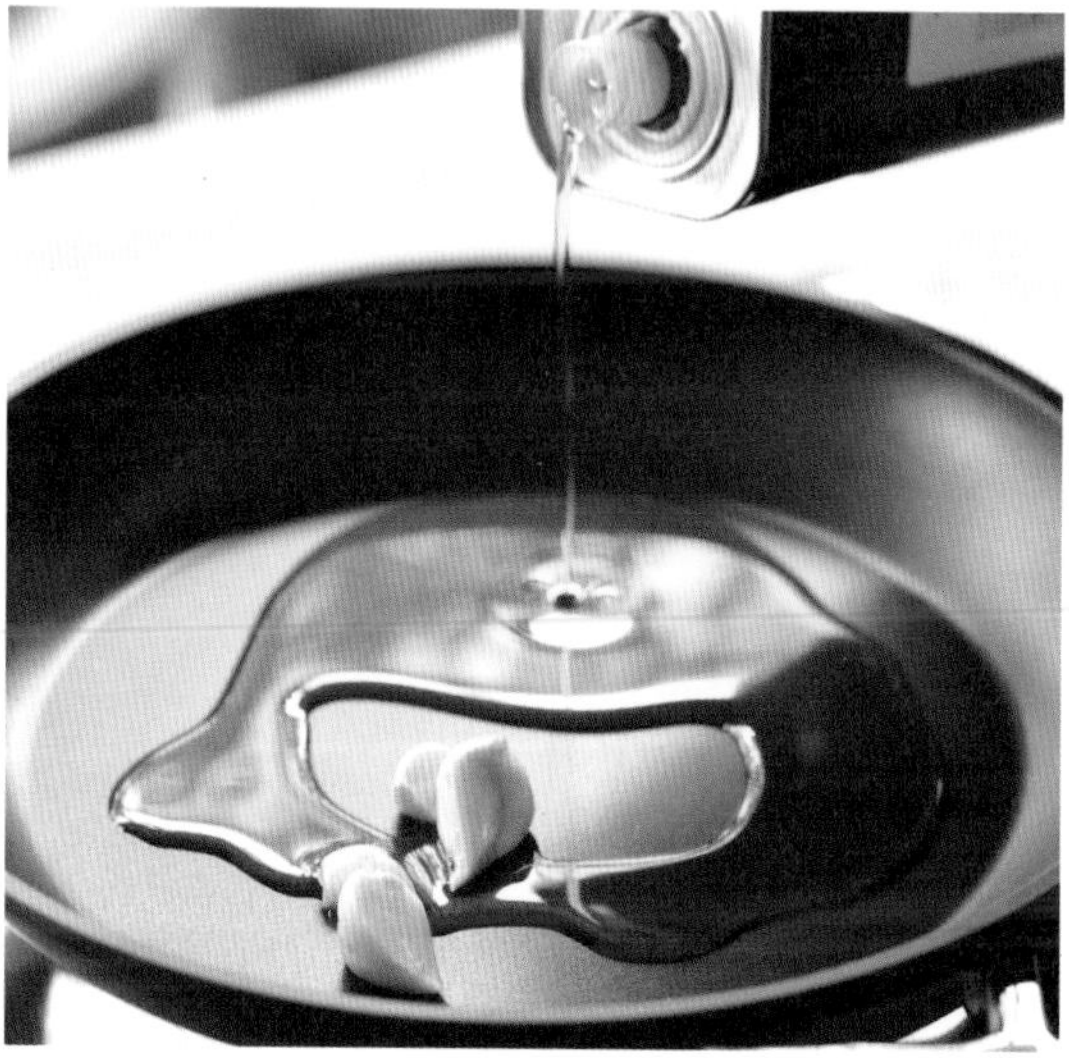

朝田今日子
ブオーノイタリア店主

文藝春秋

おいしいから、たくさん食べたくなる

２００１年から東京・阿佐ヶ谷で「ブオーノイタリア」というオリーブオイル専門店を営んでいます。扱っているオイルは一種類で、ローマから１００キロ北にあるウンブリア州の小さな搾油所で年に一度搾られるエキストラバージンオリーブオイルを、毎年仕入れています。

初めて口にしたとき、あまりのおいしさに稲妻に打たれたように感動したオリーブオイル。このオイルを毎日の料理にたっぷり使うようになって20年以上経ちました。パンに浸して味わうと絶品なのはもちろん、野菜の加熱調理に相性抜群で、やわらかくなった野菜にこのオイルが絡んだとろけるような料理は、食べるたび幸せな気持ちになります。

もともとこってりした食べ物が好きで、野菜がメインの食生活になるとは夢にも思っていなかった私がとろける野菜料理に出合ったのは、１９９６年、20歳で絵を学ぶため留学したローマで。日本では副菜として少量添えられていた野菜が、イタリア人家族のご家庭でくたくたの状態でたっぷり盛られてメイン料理として出てきたときには衝撃を受けました。

その後、イタリア人の夫と移り住み、子育てをしながら10年を過ごしたウンブリアはオリーブオイルの名産地で、健康長寿で知られていました。ご近所の誰もがオリーブオイルと野菜にまつわる健康知識について詳しく、そしてグルメ。畑で採れたての野菜をフレッシュなオリーブオイルでとことんおいしく調理するレシピをたくさん教わりました。

オリーブオイルをたっぷり使うことと、弱火でじっくり時間をかけて熱を通すこと。それだけで魔法のようにうま味が引き出されます。季節ごとに旬の野菜をいただいていると飽きるということもありません。気が付くと体がすっきりして、疲れにくくなりました。

２０１０年から日本に拠点を移し、今はイタリアと行き来しています。ときどき店でお客さんにやわらか野菜料理をお教えすると、決まって「そんなにたくさんオリーブオイルを使うんですか？」「そんなに長い時間火にかけていいんですか？」と聞かれます。日本では野菜は生サラダか歯ごたえを残したアルデンテでというイメージがあったり、オリーブオイルは加熱しないものという思い込みがあったり、なによりふだんよりずっと長く火にかけることに驚くのだと思います。

一方でみなさん口をそろえて、野菜をもっと食べたほうがいいんだろうけど……とおっしゃいます。実際、成人一日あたりの野菜摂取目標は３５０ｇとされていますが、２００７年の国連食糧農業機関の調査で日本は２９０ｇ。和食は世界が認めるヘルシーさですが、中国７６６ｇ、韓国５８４ｇ、イタリア４１６ｇなどと比べても少なく、徐々に野菜が不足しがちな食生活になってしまっているのかもしれません。

ウンブリアの人は蒸した野菜をさらに炒めたりオーブンで焼いたり、原型を留めないほど小さく調理します。かさが減り一回に食べる野菜の量が増えるので、この料理をふだんの食事に一品足すだけでも、野菜不足はV字回復できます。

オリーブオイル調理に興味を持たれた方や野菜をもっとたくさん食べたいと思っている方に、私が長寿の村で見つけたとんでもなくおいしい調理法をじっくり丁寧にお伝えしたい。10年以上あたためてきたその思いをまとめたのが本書です。栄養はどうなるの？　油をたくさん摂ってもいいの？　と気になることについては、ウンブリアが誇るペルージャ大学で食品化学を研究しているセルヴィリ先生にお尋ねしてきました（P.34）。

たくさんの写真を使ってできるだけ丁寧に説明していますので、ぜひだまされたと思って作ってみてください。

Contents

フライパンでシンプル調理

ほくほく野菜をオイルとともに

鍋で煮込む、スープにする

ブレンダーでとろとろに

お腹にうれしい野菜のリゾット

味が濃くなるオーブン焼き

装丁　野中深雪
写真　志水 隆・朝田今日子
オリーブの絵　朝田今日子

本書のレシピは、野菜不足のV字回復に役立ちます

かさが減る

野菜がくたくたに
なるまで加熱すると
グンとかさが減り、
一度にたくさんの
量を食べられます。

消化に良い

とろけるほど
やわらかい野菜は
消化によく、
家族みんなが
食べやすい。

うま味が濃い

オリーブオイルが
野菜のうま味を
引き出して
閉じ込めるので、
驚くほどおいしい
味に出合えます。

本書のレシピについて

＊ 大さじ1は15mℓ、小さじ1は5mℓ、1カップは200mℓです。
＊ 少々は小さじ1/8ほど、ひとつまみは小さじ1/5ほどが目安です。
＊ 材料は作りやすい分量で紹介しています。目安として表記している人数はメインディッシュとして食べることを想定しているので、副菜にする場合は半分量などで作ってください。
＊ オリーブオイルは、すべてエキストラバージンオリーブオイルを使いました。まずはお手持ちのものを使っていただき、ぜひエキストラバージンも使ってみてください。
＊ 塩は、イタリアの自然塩を使っています。精製した食塩を使う場合は分量をやや減らしてください。
＊ 本書のレシピはごく弱火〜弱火で長い時間加熱するのが特徴のため、加熱時間をマーク表示で目立たせています。目安としてお考えいただき、急いでいるときは蓋をしたり中火にしたりして調整してください。
＊ 茹でる過程などは適宜電子レンジを使ってもかまいません。
時間に余裕があるときはぜひ弱火×長時間で「時間が作るおいしさ」を堪能してください。
＊ 作り置きに適したレシピにマーク表示しています。冷蔵庫で3日ほど保存できます。

フライパンで
シンプル調理

たっぷりの野菜が
ギュッと小さくなり、
とろける舌触りに。
ぺろりと食べられる
ひと皿を。

加熱の仕方

弱火でじわじわ数十分加熱。最後に水分を飛ばすときは中火に。

ふつう「炒める」というとフライパンを中火や強火で熱々にして、ジャッとかき混ぜるイメージがあると思いますが、イタリア料理では基本弱火でじわじわと食材をうごかさずあたためます。弱火の間はずっと張り付いていなくても大丈夫です。

オリーブオイルをどう使う？

オリーブオイルをたっぷり使って焼く、炒める、煮る。

道具は…

フライパンはサイズ違いがあると便利。テフロンが扱いやすい。蓋は必ず。

厚みがあるほうが熱がじんわり伝わって焦げにくい。ちょっと重いですがフライパンを振らなくても均等に火が通ります。

味つけは…

塩で野菜のうま味を引き出し、オリーブオイルで閉じ込める。にんにくは食欲をそそる香りづけをしてくれる。

まずはこのひと皿をマスター

ほうれん草のオリーブオイル炒め

ほうれん草をひとり1パック分使い、ひと皿でお腹が大満足するごちそうを作ってみましょう。オリーブオイルで加熱調理すると野菜の苦みやえぐみが甘みに変わるので、事前のアク抜きが必要なく楽ちんです。洗って切ったらそのままフライパンへ。じっくり30分ほどオイルと絡めて炒めると味が濃く香ばしくなり、とろとろにやわらかくなるので消化が良くなります。パルミジャーノチーズやポーチドエッグをのせ、メインディッシュにしてみてください。ポパイもほうれん草でパワーアップしていましたが、栄養価の高いほうれん草をたくさん食べると元気になります。

とろける舌触りで、ぺろりとひと皿食べられます。小松菜など他の青菜を使えば、その野菜の濃い味に出合えます。

加熱約30分　**作り置き**

材料（2人分）

※2人ともがメインディッシュとしていただく場合の量です。半分量で作って副菜にしても。

ほうれん草…2束
オリーブオイル…大さじ3
にんにく…2かけ
塩…少々
パルミジャーノチーズ…適宜

30分じっくり炒めるから

とろとろにやわらかく、濃い味に！

作り方

1　ほうれん草は根を取り除いて半分に切る。

2　フライパンにオリーブオイルと皮をむいて半分に切ったにんにくを入れ、弱火で香りが出るまで炒める。

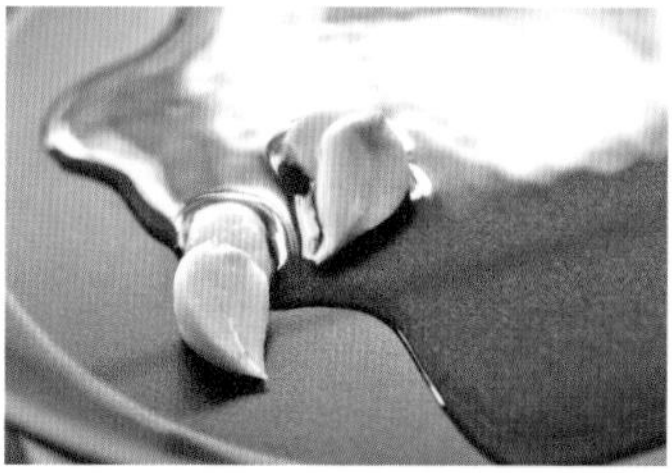

3　ほうれん草を入れて塩をふる。

塩は素材から水を引き出す作用があります。

4　蓋をして弱火のまま、5分ほど野菜から出る水分で蒸らし炒める。

はみ出していても大丈夫。

すぐになじんで蓋が閉まる。

5　蓋を開けさらに塩をふってさっと混ぜ、また蓋をして20分ほど弱火にかける。

野菜料理に合う、うま味食材①

チーズ

チーズはカルシウムとたんぱく質の宝庫。肉や魚以外の選択肢として献立に頻繁に登場します。野菜料理一品とチーズ、パンの組み合わせは簡単便利で栄養の観点からも重宝します。イタリアでは料理の具材としても定番。うま味の塊の熟成チーズ、ミルキーであっさりとしたフレッシュチーズ、どちらも野菜料理の味の幅を広げてくれます。

〈 野菜料理におすすめのチーズ 〉

●パルミジャーノチーズ

イタリアチーズの王様と呼ばれる熟成チーズ。栄養価が非常に高く、ひとかけでステーキ１枚分の栄養があるとか。うま味が豊富で和食における鰹節やしょうゆのような存在。強くはっきりした味のため、素材の味を消さない程度に使うのがポイント。キッチンペーパーに包んでジップバッグに入れ、さらにタッパーに入れると日持ちします。高価ですがあると便利。

●リコッタチーズ

チーズを作った後に出るホエー（乳清）をもう一度加熱してできるフレッシュチーズ（「リコッタ」はもう一度加熱した、という意味。テラコッタ、パンナコッタの「コッタ」は火を通したという意味）。出がらしなのでうま味は少なめ。野菜で巻いたり、野菜のキッシュに入れたり具としてよく使う。デザートやパスタなど様々な料理で活躍。

●モッツァレラチーズ

日本でもピザで大人気のフレッシュチーズ。生でトッピングするのはもちろん、野菜の上にちらしてオーブンで焼くとミルキーな味が加わり、料理のボリューム感もアップ。苦い野菜と合わせて食べやすくする効果もあります。

6 蓋をとって中火にして、５分ほどかけて水分を飛ばす。鮮やかな緑がぐっと深い色になるまでじわじわ炒めることで、濃く香ばしい味に。

7 火にかけてから 30 分ほどですっかり小さく、色も濃くなります。野菜により個体差があるのでこのくらいを目安に炒め時間の調整を。

8 削ったパルミジャーノチーズをかけてメインディッシュに。お好きなパンと一緒にどうぞ。香りづけの役目を果たし終えたにんにくは、食べても、取り除いても。

くたくたレタスの虜になる

レタスとレーズンと松の実の炒め物

やわらかレタスに
ほの甘さと
香ばしさを
トッピング

加熱約35分　作り置き

材料（3〜4人分）

レタス… 1玉
レーズン…30ｇ
松の実…大さじ2
オリーブオイル…大さじ3
にんにく…2かけ
塩…少々

レタスといえばしゃきしゃきサラダですが、南イタリアではよく加熱したやわらかレタスの深い味わいを楽しみます。サラダでは食べられない量がつるんと食べられてしまうので、食物繊維がたっぷり摂れます。

レタスから出た水分とオリーブオイルが溶け合った煮汁はあっさりしていて、食後のお腹がすっきりするのも魅力。イタリア料理では砂糖を使うことは滅多にありませんが、レタスとの相性がとてもよいレーズンで自然な甘みを加えることがあります。パスタソースにしたり、水分を飛ばしてパイの具にしたり、展開できる一品。生とは別のおいしさに出合えます。ロメインレタスなどどんな種類のレタスでもOK。オリーブの実を入れるのもおすすめです。

作り方

1 レタスは食べやすい大きさにちぎる。

2 フライパンにオリーブオイルと皮をむいたにんにくを入れ、弱火で香りが出るまで炒める。

3 レタスを入れて塩をふる。

4 蓋をして弱火のまま5分ほどおく。

5 蓋を開けレーズンと松の実を加えてさっと混ぜ、また蓋をして 20 分ほど弱火にかける。

6 蓋をとって中火にして、5 分ほどかけて水分を飛ばす。

7 色が深くなり、くたくたにやわらかくなったら出来上がり。

＊この料理をパイの具材にしたアレンジレシピは P.120 に。

健康的なおつまみ

ししとうの炒め物

ししとうは和食だと彩りとして添えられることが多いので、一度にたくさん食べることは少ないでしょうか。天ぷらが証明するように油との相性は抜群で、たっぷりのオリーブオイルでじっくり炒めると、苦みやえぐみは抑えられてうま味や甘みが引き出されます。鮮やかな緑色が深く濃い色合いになったら味が変化したサイン。味付けは塩だけでじゅうぶんです。香ばしい風味とちゅるんと口の中で溶けるような食感がたまらない、ビールにぴったりのおつまみに。フライドポテトよりも健康的です。

加熱約15分

材料（２人分）

ししとう…500ｇ
オリーブオイル…大さじ５
にんにく…２かけ
塩…少々

作り方

1 フライパンにオリーブオイルと皮をむいたにんにくを入れ、弱火で香りが出るまで炒める。

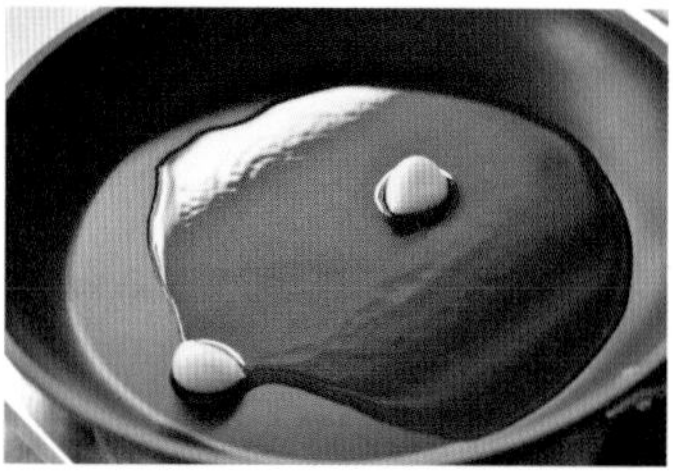

2 洗って水気をよく切ったししとうを入れる。このとき爪楊枝で穴を開けておくと破裂しにくい。

3 まんべんなく塩をふる。

4 蓋をして弱火で10分ほど熱を通す。水蒸気を逃すために蓋は完全に閉めず少し開けておく。油はねに注意。

5 蓋をとり、弱火のまま色が変わりしんなりするまで炒める。

6 両面がやわらかく、深い緑色に変わったら出来上がり。

塩とオリーブオイルだけで炒める

ター菜（葉野菜）の炒め物

くたくたで甘みのある
とろける葉野菜プレート

日本とイタリアの野菜炒めで大きく違うのがしゃきしゃき感へのこだわり。野菜の水分が出きってくたくたになるまで火を通すイタリアの野菜炒めはしゃきしゃきしません。野菜から出た水分がオリーブオイルと混じり合い、野菜に絡まってとろける食感に。ほんのり苦みのある葉野菜をにんにくの香りづけもせず塩とオリーブオイルだけで炒めるこのレシピは、キャベツや菜の花、小松菜などにも応用できます。ぜひ良質でおいしい塩やオリーブオイルを使ってみてください。

加熱約35分

材料（２人分）

ター菜…２～３束
オリーブオイル…大さじ４～５
塩…少々

作り方

1 フライパンにオリーブオイルを入れ、弱火にかける。

2 洗って水を切り、根を取り除いたター菜を入れる。

3 まんべんなく塩をふる。

4 油を絡ませるように軽く炒める。

5 蓋をして弱火のまま、30 分ほどおく。

6 色が濃く変わり、すっかりくたくたになったら出来上がり。野菜によって時間が異なるので様子を見て調整する。

シンプルに焼くレシピ3つ。
弱火にかけている間は他のことをしながら
ときどき様子を見ましょう

じゃがいものローズマリー焼き

オリーブオイルで最大限に引き出したじゃがいもの甘みと香ばしさを、「海の薔薇」ことローズマリーのさわやかな香りで引き立てます。イタリアではフォカッチャの上にのせることも多い、子供も大人も大好きな一品。ローズマリーから、ビタミンなどの栄養素がオリーブオイルに溶け出します。

作り方

1 じゃがいもは皮をむき、3㎜厚さの輪切りにする。ローズマリーは葉を枝からこそげ取る。

2 フライパンにじゃがいもを並べ、オリーブオイル、ローズマリーの葉を入れて塩をふり、弱火で15分ほどじっくり焼く。

3 じゃがいもを裏返してさらに15分ほど焼く。

4 最後に中火で5分くらいかけて両面に焼き色がつくまで焼く。

材料（2人分）　加熱約35分

じゃがいも…4個
ローズマリー（生）…1枝
　※ない場合はにんにく1かけで
　香りをつけても
オリーブオイル…大さじ4
塩…少々

2

れんこんのシンプル焼き

れんこんもじっくり加熱すると、甘みが引き出されます。しっとりした食感とじわっと口に広がるオリーブオイルにより、れんこんの新たな味を発見します。スナック感覚で手軽に山盛り食べてしまいます。

材料（２人分）　**加熱約60分**

れんこん…１節
オリーブオイル…大さじ４
塩…少々

作り方

1 れんこんは皮をむき、７～８㎜厚さの半月切りにする。

2 フライパンにオリーブオイルを入れ、れんこんを並べて塩をふり、弱火で30分ほどじっくり焼く。

3 焼き色がついたれんこんを裏返して塩をふり、またゆっくり30分ほどかけて焼き色がつくまで焼く。

だいこんステーキ

和食の煮物ではだいこんに出汁を含ませふっくらボリュームアップさせますが、このレシピはだいこんから水分を引き出して煮詰めるので味が引き締まります。水分が多すぎないもののほうがおいしく出来ます。

材料（２人分）　**加熱約1時間5分**

だいこん…15㎝くらい
オリーブオイル…大さじ３
塩…少々

作り方

1 だいこんは皮をむき、３～４㎝厚さの輪切りにする。

2 フライパンにオリーブオイルを入れ、だいこんを並べて塩をふり、蓋をして弱火で30分ほどじっくり焼く。

3 やわらかくなっただいこんを裏返して塩をふり､蓋をしてさらに30分ほどかけて焼く。

4 蓋をとり、中火で５分くらいかけて両面に焼き色がつくまで焼く。

2

アスパラガスとポーチドエッグ

イタリアの農村では春に野生の苦いアスパラガスをたくさん食べるのですが、茹でずに直接オリーブオイルでじっくり炒めることでアクやえぐみを緩和させます。栽培されたアスパラガスももちろんこの方法で。アスパラガスのうま味や甘みを引き出します。とろとろ卵とオイルの相性はマヨネーズで実証済み。皿に残ったらパンに絡めていただきます。

作り方

1 アスパラガスはハカマを取り除き、根元のかたい部分は鉛筆を削るように薄く皮をむく。長いものはフライパンにおさまるように半分に切っておく。

2 フライパンにオリーブオイルと皮をむいて半分に切ったにんにくを入れ、弱火で香りが出るまで炒める。

3 アスパラガスを入れて塩をふり、弱めの中火で30分ほど、ときどき転がしながらすっかりやわらかくなるまでじっくり炒める。

4 【ポーチドエッグを作る】沸騰したお湯に酢を入れて箸でまぜて水流を作り、卵を落とす。半熟になったらお玉で取り出す（ひとつずつ行う）。

5 アスパラガスの上にポーチドエッグをのせ、仕上げにこしょうとオリーブオイル（分量外）をかけて出来上がり。

材料（２人分） **加熱約35分**

アスパラガス…10～12本
オリーブオイル…1/3カップ
にんにく… ２かけ
塩…少々
こしょう…少々
【ポーチドエッグ】
卵… ２個
酢…大さじ1

3

ゴーヤとじゃがいもの炒め物

ゴーヤもオリーブオイルでじっくり炒めると苦みが緩和されて食べやすくなります。定番の鰹節としょうゆの代わりにアンチョビを使って塩気とうま味を。じゃがいもは「北あかり」などくずれにくいものを。

材料（２人分）　**加熱約40分**

ゴーヤ（大）…２～３本
じゃがいも…２～３個
にんにく…１かけ
アンチョビ…２～３本
オリーブオイル…大さじ４
塩…適宜

作り方

1 ゴーヤは縦半分に切って種を除き、７～８㎜厚さに切る。じゃがいもは皮をむいて1.5㎝角に切る。

2 フライパンにオリーブオイルと皮をむいて半分に切ったにんにくを入れ、弱火で香りが出るまで炒める。

3 ゴーヤ、じゃがいもの順に入れ、アンチョビも入れてざっと混ぜたら、蓋をして弱めの中火で30分ほどおく。

4 ゴーヤとじゃがいもがやわらかくなったら、蓋をとって水分を飛ばすように数分炒める。塩気が足りないときは塩で味をととのえる。

春菊とじゃがいもの炒め物

春菊といえばおひたしや白和え、胡麻和えなど調味料で味付けすることが多いですが、オリーブオイルでシンプルに炒めると春菊の素の味に出合えます。クセのある野菜はじゃがいもと好相性。栄養も満点。

材料（２～３人分）　**加熱約35分**

春菊…１束
じゃがいも（大）…１個
オリーブオイル…大さじ４
にんにく…２かけ
塩…少々
こしょう…少々

作り方

1 春菊はさっとゆでて水にさらし、水気をしぼって４～５㎝長さに切る。

2 じゃがいもは洗って皮付きのまま、１㎝深さの水と蒸し器をセットした鍋で弱火で30分ほど蒸す(P.40参照)。くしがすっと通るようになったら５～６㎜厚さのいちょう切りにする。

3 フライパンにオリーブオイルと皮をむいて半分に切ったにんにくを入れ、弱火で香りが出るまで炒める。

4 春菊とじゃがいもを入れて中火でさっと炒め、火をとめて塩、こしょうで味付けして、お皿に盛ったら仕上げにオリーブオイル（分量外）をまわしかける。

とろけるやわらか野菜に
フレッシュハーブや酸味を加えて

ブロッコリーのフリッタータ

ブロッコリーはイタリア原産（イタリア語ではブロッコリ）。ブロッコリーといえばオリーブオイルというくらい最高の相性で、どちらも栄養価が高く抗酸化作用もあり一緒に摂ることでよりヘルシーに。よく加熱することで食物繊維もやわらかく食べやすくなります。生のタイムと一緒に炒めれば春の香りが。しっかり焼いてサンドイッチの具にも。

材料（1～2人分）　**加熱約35分**

ブロッコリー（中）…１株
オリーブオイル…大さじ２
タイム（生）…少々
　※ない場合はスパイスでも
アンチョビ…２～３本
塩…ひとつまみ
卵…２個
牛乳…大さじ２

作り方

1 ブロッコリーは小房に切り分け、茎の根元のかたい部分は薄く皮をむいて適当な大きさに乱切りする。鍋に1㎝深さの水と蒸し器をセットして、弱火で30分ほど蒸す（P.40参照）。手でつぶれるほどやわらかくなればOK。

2 ボウルに卵を割り入れ、塩ひとつまみ（分量外）と牛乳を入れてよく混ぜる。

3 フライパンにオリーブオイルを入れて中火にかけ、タイムを入れ香りが出たら、蒸したブロッコリーとアンチョビ、塩を入れて軽く炒める。

4 **3**のフライパンに**2**を流し入れて軽く混ぜたら、卵液が固まり流れ出なくなるまで加熱する。

5 火を止めて、**4**を焼き目が下のままフライパンの蓋にすべり移し、上からフライパンをかぶせてひっくり返し、反対面にも焼き色がつくまで焼く（やけどに注意）。

すくなかぼちゃとにんじん炒め

岐阜の特産宿儺（すくな）かぼちゃ。甘みとほくほく感、なめらかな質感が特徴で、油との相性もぴったりです。異なる食感のにんじんとホワイトバルサミコ酢を合わせ甘さの中にもさっぱりとした味わいを。

材料（2～3人分）　**加熱約50分**　**作り置き**

すくなかぼちゃ…1/2 個（正味約 300g）
　※普通のかぼちゃの場合は1個
にんじん（中）… 1本（約 80g）
オリーブオイル…大さじ2
塩…少々
ホワイトバルサミコ酢… 大さじ1

作り方

1 すくなかぼちゃは種と皮を除き、適当な大きさの乱切りにする。

2 にんじんは皮をむいて3～4㎜厚さのいちょう切りにする。

3 フライパンにオリーブオイルを入れ、ごく弱火でかぼちゃとにんじんを炒める。塩をふってざっくり混ぜたら、蓋をして弱火で 45 分ほど、野菜の水分で蒸し焼きにする。ときどき混ぜる。

4 にんじんがやわらかくなったら火を止め、ホワイトバルサミコ酢を入れてさっと混ぜたら出来上がり。

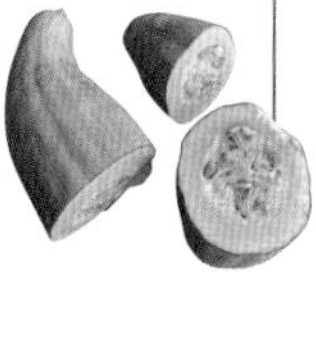

ズッキーニのマリネ

夏にズッキーニがたくさん出回る時期があるのでぜひその機会に。作ってすぐより少し時間をおいたほうがおいしく、冷蔵庫で3～4日保存できます。しょうゆとビネガーが意外なほどよく合います。

材料（2～3人分）　**加熱約30分**　**作り置き**

ズッキーニ（小さめ）…6本
オリーブオイル…適量
白ワインビネガー…大さじ1
しょうゆ…小さじ1
塩…少々
にんにく…2かけ（香りづけ）
イタリアンパセリ… 4～5本（あれば）

作り方

1 ズッキーニはヘタをとって 1.5 ㎝厚さの輪切りにする。

2 フライパンにオリーブオイルを深さ5㎜ほど入れ、中火でズッキーニがきつね色になるまで 20 ～ 30 分素揚げにする。

3 ズッキーニを網にあげて油を切り、ボウルに移して白ワインビネガー、しょうゆ、塩を加えてよく和える。

4 皮をむいて半分に切ったにんにくと刻んだイタリアンパセリを入れ軽く和えたら出来上がり。

体がすっきりする料理

私は物心つく前から人一倍よく食べ、よく太っている子でした。母が台所に立つと飛んで行って手を出し、横でお米を洗う真似をしたり、一緒にパンをこねたり、とにかく食への意欲がすごかったそうです。７歳の頃には友達とクレープを焼いて遊び、そのうちお腹が空いたらサッと立ち上がって卵焼きやラーメンなど冷蔵庫にあるものでまめに料理するように。チーズケーキやショートケーキ、チョコレートケーキにパウンドケーキも自分で作れば心置きなく食べられます。高校生の頃はうどんを打ち、餃子も皮から手作りしていました。お腹にたまるものが大好きで、白いごはんは毎回おかわりしていました。

母も祖母も料理上手で、祖父はこってりした洋食に目がなかった人。毎日の食事もみんなが集まるときのちょっと特別な手料理も楽しみでした。父が外食好きで休日はよく話題のお店に行き、みんなでお腹いっぱい食べていました。それなのに母は昔から「ポパイ」に出てくるオリーブみたいにほっそり。母より多めに食べていたとはいえ、自分だけどんどん体重が増え、腰痛や膝痛まで起こることに悩み、コンプレックスも抱いていました。

生来の食欲をもてあましたままイタリアに渡りましたが、ウンブリアで目の覚めるようなおいしさのオリーブオイルに出会い、それを使ったやわらか野菜料理を覚えてから悩み

野菜をたっぷり使うと自然と炭水化物の割合が減ります。右はブロッコリーとトマトのパスタ、左はお米のサラダ。

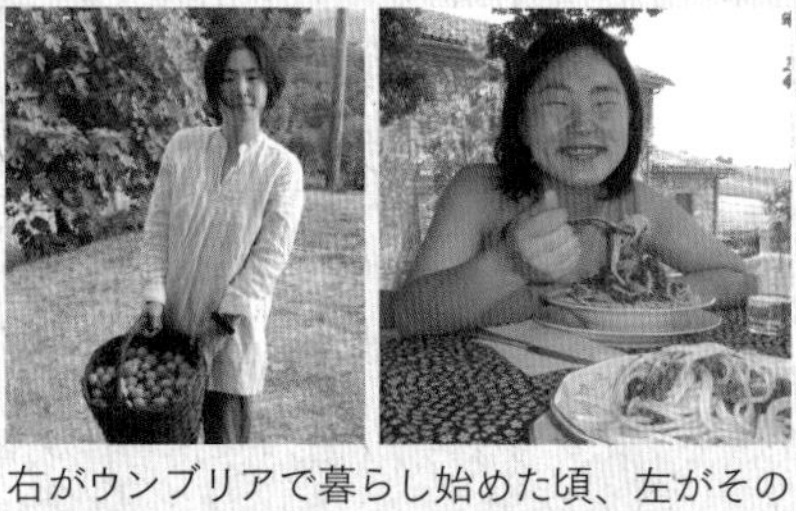

右がウンブリアで暮らし始めた頃、左がその８年後。カゴいっぱいに収穫したりんごはタルトやジャム、焼きりんごの材料に。

やコンプレックスはいつしか消えていきました。とろける野菜はうま味たっぷりで、食いしん坊の舌も大満足、お腹もしっかり膨《ふく》れます。イタリア人は毎日パスタやピザを食べるイメージがあるかもしれませんが、農家では野菜料理だけで一食すませることもよくあり、リゾットやパスタを作る際も野菜や豆をたくさん使うので米やパスタは一般的な量の半分ほどです。ピザやパイも生地は薄く、具はたっぷり。血糖値の上昇もゆるやか。炭水化物でお腹を膨らませたい！　という欲求がめったに起きず、ゆるい糖質制限にもなったようで2年ほどで体重が13kg減りました。以降ずっと微増、微減で安定しています。

店のお客さんにこの料理をすすめると「そうは言っても油をたくさん使うのだから太るでしょう？」と言われることがありますが、野菜を食べる量が増え摂取する食物繊維が増えること、そしてオリーブオイルの胃腸への効果は、たんに油のカロリーが高いことより重視していいんじゃないかと思っています。あるとき健康診断でメタボリックシンドロームと診断され、お医者さんにオリーブオイルをすすめられ来店した男性のお客さんがいました。やわらか野菜料理をお教えしたら熱心にメモして帰られ、その後すっかりハマったそうで次の健康診断で数値が良くなったと報告がありました。また、店の女性スタッフがまかないでこの料理を食べるようになって、小学生の頃から腸の蠕動《ぜんどう》運動が弱く何十年も便秘薬に頼っていたのが、薬を飲まなくてよくなったと喜んでいました。

体質によるのはもちろんですが、野菜をたくさん食べること、よい油を摂ること、結果的に炭水化物少なめで満足できる体になることは、この料理のメリットだと思います。

今思うと、子育てや畑仕事、日本と往復しながらの店舗運営などを頑張れたのは、野菜が力をくれたからかもしれません。

（右）ウンブリアでは毎日家の畑で採れる野菜を使って料理していました。（左）今は農家から野菜セットの定期便を取り寄せ。

野菜の水分でじっくり蒸す

モロッコいんげんとトマトの蒸し煮

野菜から出るたっぷりの水分を蓋で閉じ込めて、じっくり蒸らしながら熱を通す料理です。食材の水分とオリーブオイルが合わさった煮汁はなんておいしいのだろうと感動します。心からホッとして体が休まる味です。

うんと煮詰めれば作り置きの総菜にも。味が濃くなりお弁当のおかずにもぴったりです。

加熱約65分　作り置き

材料（２人分）

モロッコいんげん…500g
ミニトマト…200g
オリーブオイル…大さじ４
にんにく… ２かけ
塩…少々

作り方

1 モロッコいんげんはヘタを取り、3等分に切る。

2 ミニトマトは皮をむいておくと水分が出やすくなり、口当たりもやわらかに。そのままでも OK。

3 フライパンにオリーブオイルと皮をむいて半分に切ったにんにくを入れ、弱火で香りが出るまで炒める。

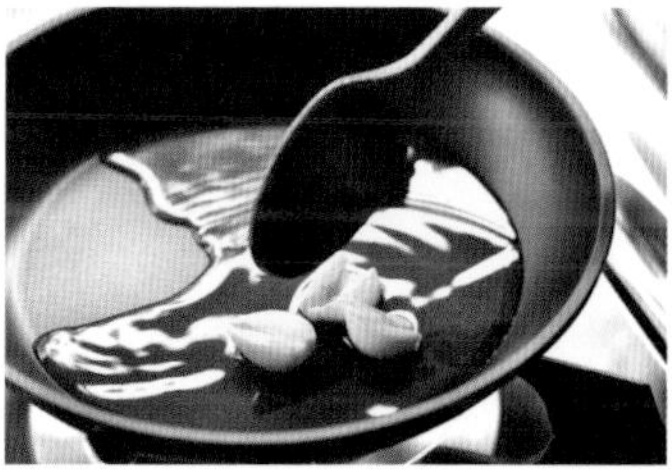

4 モロッコいんげんとトマトを入れ、塩をふって軽く混ぜ合わせる。

5 蓋をして蒸気が逃げないようにし、1時間ほどごく弱火で煮る。

6 色が深くなり、くたくたにやわらかくなったら出来上がり。

イタリア農村の春のひと皿

アーティチョークのレモンオイル煮

加熱約45分〜　作り置き

材料（２人分）

アーティチョーク…６〜８本
レモン…２個（絞る量はお好みで）
オリーブオイル…１カップ
にんにく…２かけ
イタリアンパセリ…５〜６本
水…大さじ２
塩…少々

生の新鮮なアーティチョークが手に入ったら、ぜひ作ってみてほしい料理。アーティチョークは肝臓に良い食材とされ、春の短い期間に生の新物《あらもの》が出まわります。えぐみのある春の山菜は和食だと茹でてアク抜きしますが、イタリアの田舎ではオリーブオイルとレモン汁で煮ることで苦みを緩和します。野菜から出た水分はオイルと混ざってほの甘くなり、消化を助けます。

パスタと和えてもいいですし、メインのおかずにもなります。下処理をする際は棘《とげ》に気をつけて、必ずゴム手袋をしてください。

作り方

1　アーティチョークは必ずゴム手袋をして下処理を。周りのかたいガクの部分を手でむしり、縦半分に切る。中の赤い部分と白いわたを取り除く。

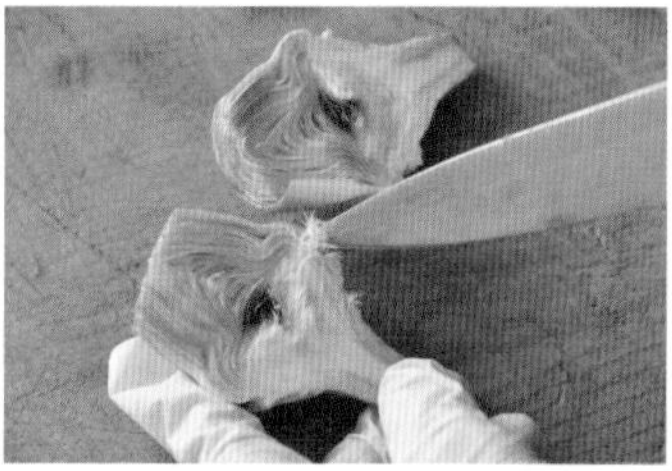

2　レモン1個を半分に切り、アーティチョークにまんべんなくこすりつけて黒くなるのを防ぐ。

3　フライパンにオリーブオイルと皮をむいて半分に切ったにんにくを入れ、弱火で香りが出るまで炒める。

4　アーティチョークとイタリアンパセリを入れ、もう1個のレモン汁と、水、塩を入れる。

5　蓋をしてごく弱火で40分ほど蒸し煮する。

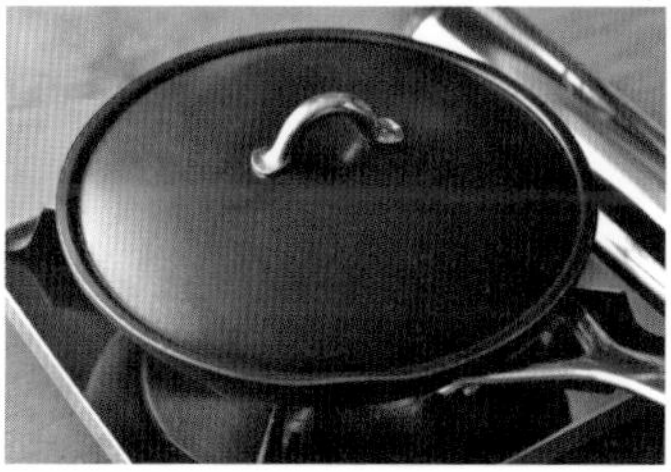

6　すっかりやわらかくなったら出来上がり。かたさが残っている場合、さらに10～20分ほど蓋をして蒸し煮する。

中火で10分しっかり火を通す。
時間が経つとおいしさが増す
作り置きにぴったりの2品

きのこのミックスマリネ

いろいろな種類のきのこをオリーブオイルで炒めて、ビネガーで和えます。時間が経つと味がなじんでさらにおいしくなるので、作り置きに向いています。イタリアンパセリがあると風味に変化が出ます。もしホワイトバルサミコ酢が手に入ったら、ビネガーの代わりにぜひ。

作り方

1. きのこは石づきを切りとり手でさいたり、食べやすい大きさに切る。イタリアンパセリはみじん切りにしておく。
2. フライパンにオリーブオイルと皮をむいて半分に切ったにんにくを入れ、弱火で香りが出るまで炒める。
3. **2**にきのこを入れ、全体にオイルがまわるように混ぜ合わせたら塩をふり中火で10分ほど炒める。きのこがくったりすればOK。
4. 火を止めてイタリアンパセリを入れてさっと混ぜ、バットやボウルに移す。
5. **4**に白ワインビネガーをまわし入れて軽く混ぜ、粗熱をとったら容器に入れて冷蔵庫で保存する。

材料（2人分）　**加熱約15分**　**作り置き**

きのこ（舞茸、しめじ、えのきなど）
…合わせて400g
オリーブオイル…大さじ2
にんにく…1かけ
塩…少々
イタリアンパセリ…2〜3本
白ワインビネガー…適量
※あればホワイトバルサミコ酢

トロナスのグリル

トロナス（青ナス）はイタリアのナスに味がそっくりでオリーブオイルと相性抜群。先に塩でアク抜きしておくと油の吸い過ぎを抑えられます。焼くときのオイル量をそこそこにして、焼いたあとオイルをかけるとフレッシュな味わいに。油料理に油をかけるなんてと驚かれるかもしれませんが、いいオリーブオイルを使うと胃もたれしません。

材料（３人分）　**加熱約10分**　**作り置き**

トロナス…３個
塩…適量
オリーブオイル…大さじ５〜６
にんにく…１かけ
イタリアンパセリ…５〜６本

作り方

1 （アク抜き）トロナスは６〜８㎜厚さの輪切りにして、塩をふり 30 分ほどおく。表面に出たアクはキッチンペーパーなどでふき取る。

2 フライパンにオリーブオイル（大さじ３）を入れ、トロナスを中火で片面約５分ずつ、焼き色がつくまで焼く。

3 **２**をバットなどに敷き詰め、塩、皮をむいて厚めにスライスしたにんにく、刻んだイタリアンパセリをちらす。２段、３段と重ねていく。

4 オリーブオイル（大さじ２〜３）をまわしかけて冷暗所で半日ほどおいたら出来上がり。

＊冷蔵庫で２〜３日保存できます。パンにのせたり、小さく切ってパスタの具にしてもおいしいです。

3

食品化学の専門家にインタビュー

阿佐ヶ谷にオリーブオイル専門店を開いて20年、今も毎日のようにお客さんから「オリーブオイルは加熱しちゃいけないんでしょう?」と聞かれます。1990年代後半にイタリアンが大流行してエキストラバージンオリーブオイルの健康価値とおいしさがマスコミで頻繁に取り上げられた際、「エキストラバージンオリーブオイルは生で食べましょう」「熱で酸化するので加熱には不向き」さらには「イタリア人は毎日エキストラバージンオリーブオイルを飲んでいる」など喧伝されたせいでしょうか。

同じ頃イタリアに移り住んだ私は、一般家庭で毎日じゃんじゃんエキストラバージンオリーブオイルを使って加熱調理するのを目の当たりにしてカルチャーショックを受けていました。もし加熱できなかったら伝統ある地中海のほとんどの料理が否定されてしまいます。お客さんにも読者の皆さんにもしっかり説明できるように、ウンブリア州にある国立ペルージャ大学の食品化学の教授で国際的なオリーブオイルの権威であるマウリツィオ・セルヴィリ先生の研究室を訪ね、よく来る質問を聞いてみました。

Q　オリーブオイルを調理油として使って本当にいいの?

A　日本には仕事で二度訪れたことがあります。販売されているエキストラバージンオリーブオイルの値段の高さには確かに驚きましたし、使用をためらう気持ちもわかります。ですが酸化しにくく加熱に強いオレイン酸を70〜80%含むオリーブオイルは、酸化しやすいリノール酸を多く含む大豆油やゴマ油などの種子油よりも加熱調理に向いています。

Q　エキストラバージンオリーブオイルとはどんなオイルのこと?

A　国際オリーブ協会は【オリーブ果実から、オイルが変性しない温度下で、洗浄、遠心分離、ろ過以外の処理をせず搾油したもの（バージンオリーブオイル）】の中で、加工で生じる酸度が0・8%未満のものと定義しています。果物や野菜には抗酸化物質であるポリフェノールが含まれていることが知られていますが、まさに果実を搾ったままの100%オリーブジュースのようなエキストラバージンオリーブオイルは、ポリフェノール由来の苦みや辛み、渋みなど豊かな風味が特徴です。生がおいしいですが飲むというより食材にかけたり和えたりします。

マウリツィオ・セルヴィリ教授

ペルージャ大学 食品環境農業科学学科 食品化学技術 教授

1961年、ウンブリア州フォリンニョ市生まれ。1990年ペルージャ大学院にてバイオサイエンスとバイオテクノロジー分野で博士号取得後、モリーゼ州農業大学、スコットランドのストラスクライド大学で研究活動を行う。エキストラバージンオリーブオイルとワイン、保存用トマトの研究が専門分野で、国内外で340以上の研究や論文を発表。オリーブオイルのポリフェノール研究の第一人者。イタリア国立オリーブ／オリーブオイルアカデミー顧問、IOC（国際オリーブ協会）のエキスパートメンバーでもあり、各国連携の国際的な研究の場でも活躍中。トレッキングとガーデニングが趣味。

Q　オリーブオイルの何が健康にいいの？

A　エキストラバージンオリーブオイルにはポリフェノールのほか、抗酸化作用を持つフェノール類が豊富に含まれています。人間の体は老化や長期間に及ぶストレス、喫煙、アルコール、質の悪い食事などにより酸化ストレスを起こします。エキストラバージンオリーブオイルを毎日調理に使いフェノール類を習慣的に摂取することにより、さまざまな酸化ストレスや細胞の炎症から体を守ることができます。心臓病や動脈硬化、癌の予防などとの関わりも日々研究されています。

Q　加熱すると酸化するのでは？

A　すべての油脂は熱と酸素により酸化しますが、オリーブオイルの主な脂肪酸であるオレイン酸は他と比べて酸化しづらい。また加熱すると最初の段階で多少の酸化は起こりますが、煮物やスープなど水分と一緒に加熱することでフェノール類の酸化の進みが緩やかになることがわかっています。例えばトマトとエキストラバージンオリーブオイルを弱火で煮てトマトソースを作っても大部分の抗酸化作用は保たれ、健康に良い性質を維持できます。

Q　加熱する際に気をつけることは？

A　180℃以上で長時間揚げ物などをすると抗酸化物質が失われるので、それより低い温度で調理すること。ポリフェノール含有率が高いエキストラバージンオリーブオイルの場合は180℃でも数時間加熱しなければ抗酸化物質は失われず、さらに他の油で揚げ物をしたときに出るアクリルアミドやアクロレインの発生を防ぐことができるので、やはりエキストラバージンオリーブオイルを使うことをおすすめします。

Q　長時間加熱して、野菜自体の栄養が失われない？

A　野菜を加熱して失われるビタミンやポリフェノールはわずかですし、エキストラバージンオリーブオイルと一緒に調理することで補える部分もあります。野菜の苦みや渋みを緩和してとろけるクリーミーな味わいを作り出したり、消化を促したり、メリットも多い。にんにくや玉ねぎ、ローズマリーなどの香草と一緒に加熱すると、香草のビタミンやポリフェノールがオリーブオイルの加熱で起こる酸化を抑え、栄養を補います。これからもっと科学的な利点が解明されるかもしれません。

ペルージャ大学のキャンパス

Personal Questions

Q　好きな野菜料理は？

A　たくさんありますが、ローマ風アーティチョークのオイル煮（ローマ産の大きめのアーティチョークに香草とパン粉を詰め、オリーブオイルとレモン果汁で煮たもの）と、アーティチョークのやわらかい芯部分とカラスミのパスタ。

Q　得意な料理は？

A　ローマ風アーティチョークのオイル煮を作るのは得意ですよ。他にはアスパラガスのリゾット。

ほくほく野菜を
オイルとともに

ほくほくの野菜は
味も濃く、
オリーブオイルと塩が
ドレッシング代わりに。

加熱の仕方

弱火で数十分から
1時間じわじわと蒸す。

オリーブオイルをどう使う?

野菜を手でつぶれる
くらいやわらかく
加熱してから、
オリーブオイルで
和えたり、炒めたり。
複数種類の野菜を
使ってもオリーブオイル
が味をまとめてくれる。

道具は…

蓋つきの深い鍋と、
サイズが調節できる
蒸し器(写真右)が
あると便利。

味つけは…

ほっくりした野菜の甘みには
白ワインビネガーや
バルサミコ酢、酢漬けケイパー
など酸味がよく合う(P.41参照)。
塩とオリーブオイルをかける
だけでもじゅうぶんおいしい。

口の中でほろほろと溶ける

ブロッコリーとさつまいもの温サラダ

西洋のブロッコリーと東洋のさつまいも、変わった組み合わせでしょうか。ブロッコリーの茎の部分のほくほく感とほんのり甘みのある味わいが大好きで、これをもっとおいしく味わいたいと思い、食材を掛け合わせて味を組み立てるイタリア料理にヒントを得た料理です。よく加熱することでどちらもほろっと口の中で溶けるほどやわらかくなり、ブロッコリーのモシャモシャした口触りもなくなります。最後に生のオリーブオイルで和えて味をまとめ、にんにくの風味をプラスしたら、ブロッコリーのほろ苦さとさつまいもの甘みがなんともよく合う絶品温サラダになりました。

蒸し野菜はパクパク食べられるので多めに作って、穀物控えめの野菜メインの食事にしてみてください。マッシュしたようなやわらかさなので肉料理の付け合わせにも。甘いのが苦手な人はじゃがいもで作ってもいいですね。

加熱約30分

材料（3～4人分）

ブロッコリー…2株
さつまいも…3個
塩…適量
オリーブオイル…大さじ5
にんにく…2かけ

塩とオリーブオイルと
にんにくだけで極うま！

作り方

1 ブロッコリーは小房に切り分け、茎は根元のかたい部分の皮をむいて、食べやすい大きさに乱切りする。

2 さつまいもは皮を縞になるようにむいておくとくずれにくい。7～8㎜厚さの輪切りにする。

3 鍋に1㎝深さの水を入れ、フリーサイズ蒸し器をセットしてブロッコリーとさつまいもを入れる。塩をふり、蓋をして弱火で30分ほど蒸す。

4 くしが通るくらいやわらかくなったらボウルなどに移し、オリーブオイルと皮をむいて半分に切ったにんにくを入れて和える。味をみて必要であれば塩を少し足す。

野菜料理に合う、調味料 & 食材

●白ワイン、ホワイトバルサミコ酢、白ワインビネガー

料理に深い味わいが出る白ワイン。黒いバルサミコ酢よりもクセが抑えめで甘みやうま味を足してくれるホワイトバルサミコ酢。さっぱりと仕上げてくれる白ワインビネガー。この3つはほくほくと温かい野菜料理にぴったり。カリフラワーやキャベツなど硫黄分を含むアブラナ科の野菜の“こもった味”をすっきり爽やかにする働きも。

●ブラックオリーブ

グリーンオリーブの収穫時期より2〜3か月ほど遅れて収穫される、熟れた黒いオリーブの実。独特の苦みやうま味が特徴で、オイル漬けされたものは塩味を足す調味料としても便利。じゃがいもなどクセのない野菜にこのしっかりした味を足してアクセントにすると、飽きの来ない味に。食材の臭みも緩和してくれます。

●ケイパー（ケッパー）

地中海沿岸原産の植物の「花のつぼみ」を塩漬けまたは酢漬けにしたもの。塩漬けのほうが香りが華やか。薬味としてスモークサーモンに添えたり、刻んでタルタルソースに入れるほか、肉にも魚にも野菜にも合うのでイタリアンやフレンチでよく登場します。小さいほど高価なので大きいものを刻むとお得です。

●ハーブ

イタリア家庭においてハーブは日本のネギやしょうがのような存在。レストランでよく見るバジルよりもイタリアンパセリやローズマリー、オレガノあたりが定番です。ビタミンや鉄分も豊富で、香りの効果で食欲も増進します。個人的に好相性だと思う組み合わせを以下にご紹介します。ご参考まで。

じゃがいも…イタリアンパセリ、ローズマリー
トマト…イタリアンパセリ、バジル、
　　　　オレガノ、タイム
カリフラワー、ほうれん草…ナツメグ
ズッキーニ、ナス…イタリアンパセリ、
　　　　タイム、オレガノ

キャベツ…こしょう
豆類…ローズマリー、イタリアンパセリ、
　　　ローリエ、セロリ
きのこ…イタリアンパセリ
アーティチョーク…ミント（生）、
　　　　イタリアンパセリ

■**こしょうについて**　西洋料理といえば必ず〈塩・こしょう〉を使うと思われがちですが、実はそうでもありません。塩とパセリ、塩とローズマリー、塩と唐辛子などの組み合わせで塩気と香りがじゅうぶんに加わり、こしょうは不要。こしょうは数あるハーブやスパイスのひとつとみなされています。ときにはフレッシュなオリーブオイルをひとまわしして、辛みや香り足しに使うことも。

■**砂糖について**　イタリアで砂糖は基本の調味料ではなく、料理の際は野菜の自然な甘みを引き出すことがポイントとなります（デザートにはもちろん使います！）。

野菜ごとに適した蒸し時間で
しっかりやわらかく。
オリーブオイル＋αで味付け

にんじんのオリーブオイル和え

私が子供の頃はにんじんをグラッセにしていましたが、最近は砂糖を足す必要がないほど甘くてクセのないものが多いですね。にんじんはよく火を入れることで食物繊維が水溶性に変化し、生で食べるより消化がよくなります。また、加熱して油を加えることでカロテンの吸収がずっとよくなるという利点があります。

作り方

1 にんじんは皮をむき、縦に４等分する。

2 **1**を蒸し器に入れ、弱火で1時間ほど蒸す。

3 にんじんが手でスッとつぶれるほどやわらかくなったら火からおろす。一口大に切ってボウルに移す。

4 **3**に皮をむいて半分に切ったにんにく、塩、ホワイトバルサミコ酢、オリーブオイルを入れ、よく和えたら出来上がり。

材料（３〜４人分） **加熱約60分** **作り置き**

にんじん…６本
にんにく…２かけ
塩…少々
ホワイトバルサミコ酢…大さじ１〜２
※白ワインビネガーでもOK
オリーブオイル…1/3 カップ

4

2

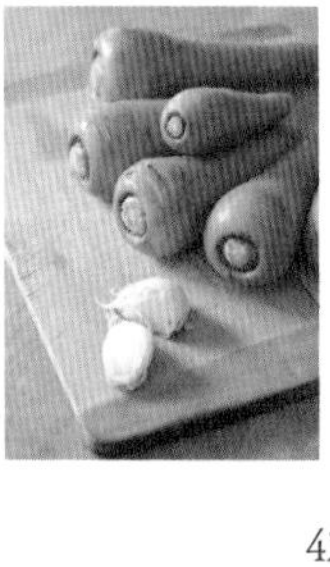

春の豆とくるみのはちみつ和え

緑の豆は45分ほど蒸すとやわらかくなり、味の深みも出ます。鮮やかさは失われますが、豆好きにはたまらないおいしさに。豆と相性の良いくるみとはちみつ、チーズをかけて栄養ある一皿に。ワインに合います。

材料（2人分） **加熱約45分**

グリーンピース…400g（さやから出した状態）
絹さや…200g
　※スナップエンドウでもOK
くるみ…50g
オリーブオイル…大さじ2
はちみつ…小さじ1
　※アカシアはちみつがおすすめ
塩…少々
こしょう…少々
ナツメグ…少々
ペコリーノチーズ…適量
　※パルミジャーノチーズでもOK

作り方

1 グリーンピースはさやから出し、絹さやはスジをとって半分に切る。

2 **1**を蒸し器に入れ、中火で45分ほど蒸す。

3 **2**をボウルに移し、手で4等分ほどに割ったくるみ、オリーブオイル、はちみつ、塩、こしょう、ナツメグを入れ、豆がくずれないようにやさしく和える。

4 お皿に盛り、スライスしたチーズをちらす。

ふかしじゃがいもの温サラダ

イタリアでお腹を壊したとき、病院で「じゃがいもをふかしてオリーブオイルで和えて食べなさい」とすすめられました。消化の良いじゃがいもと整腸作用のあるオリーブオイルを、食べやすい味付けに。

材料（2人分） **加熱約30分**

インカのめざめ…3個
メークイン…2個
　※じゃがいもの種類はなんでも
オリーブオイル…大さじ4
白ワインビネガー…大さじ1
にんにく…1かけ
塩…小さじ1/2
イタリアンパセリ…1～2本（あれば）

作り方

1 じゃがいもは洗って皮をむき、一口大に切る。

2 **1**を蒸し器に入れ、弱火で30分ほど蒸す。

3 **2**をボウルに移し、オリーブオイル、白ワインビネガー、皮をむいたにんにく（まるごと）、塩、刻んだイタリアンパセリを入れ、和えたら出来上がり。

アボカドと茹で卵と食べる温サラダ

さまざまな味、食感を
オリーブオイルでまとめる
まんぷく温サラダボウル

生のアボカドと生のオリーブオイルは、味の相性も栄養面の相乗効果もとても良い組み合わせです。さらに茹で卵と蒸してやわらかくしたにんじん、じゃがいもを加えて、栄養満点で満腹感のある料理に。まろやかな味わいの素材をオリーブオイルでまとめ、ブラックオリーブとケイパーでアクセントをつけます。

作り方

1 にんじんとじゃがいもは皮をむき、縦半分に切る。

2 **1**を蒸し器に入れ、弱火で30分ほど蒸す。やわらかくなったら火からおろし、1.5㎝角くらいの食べやすい大きさに切る。

3 アボカドは1.5㎝角くらいに切り、茹で卵は半分に切る。

4 ケイパーは5分ほど水にさらして塩抜きしてからよく水を切る。ケイパーが大きめの場合は粗く刻む。

5 **2〜4**をボウルに移し、白ワインビネガー、塩、ブラックオリーブ、オレガノ、オリーブオイルを加えて和えたら出来上がり。

材料（1人分） **加熱約30分**

※メインディッシュとしていただく場合の量です。副菜としては2人分。

にんじん… 2本
じゃがいも… 2個
アボカド…1個
茹で卵…2個
ケイパー（塩漬け）…大さじ1
白ワインビネガー…大さじ1
　※またはホワイトバルサミコ酢
塩…少々
ブラックオリーブ…適宜
オレガノ…適宜
オリーブオイル…大さじ2

玄米と温野菜のサラダ

玄米はオリーブオイルで和えるとボソボソ、パサパサとせずしっとり食べやすくなります。またオリーブオイルには雑穀のクセを良い香りにする働きもあり、糠っぽさが減って穀物の香ばしさが際立ちます。さまざまな温野菜と合わせて、ヘルシーで満足度の高いひと皿に。お好みでスパイスを。オレガノとさわやかなタイムがおすすめです。

材料（３～４人分） **加熱約30分**

玄米…１と 1/2 カップ
赤パプリカ、黄パプリカ…合わせて３個
じゃがいも…２個
　※メークインがおすすめ
にんじん…１本
いんげん…40 g
ケイパー（塩漬け）…大さじ２～３
白ワインビネガー…1/2 カップ
塩…少々
ツナ缶（ノンオイル）…60 g
ブラックオリーブ…大さじ２～３
オレガノ…適宜
タイム（乾燥）…適宜
オリーブオイル…1/3 カップ

作り方

1. 玄米は一晩水に浸けてから炊飯器で炊く。
2. パプリカはスキレットや鉄の中華鍋（どちらもなければフライパン）にのせて中火で表面が真っ黒になり中にしっかり火が通るまで焼き、薄皮をむく。ヘタと種を取り除いて一口大に切る（P.53 参照）。
3. じゃがいもとにんじんは皮をむき、縦半分に切る。いんげんは両端を切り落とす。
4. **3**を蒸し器に入れ、弱火で 30 分ほど蒸す。やわらかくなったら火からおろし、1.5㎝角くらいの食べやすい大きさに切ってボウルに移す。
5. ケイパーは５分ほど水にさらして塩抜きしてからよく水を切る。ケイパーが大きめの場合は粗く刻む。
6. 炊き上がった玄米を別のボウルに移し、白ワインビネガーと塩を入れて混ぜ合わせる。
7. **6**に**2**、**4**、**5**と軽く汁気を切ったツナ、ブラックオリーブ、オレガノ、タイムを加え、混ぜ合わせる。
8. 最後にオリーブオイルを加えて和え、１時間ほど置いて味をなじませる。

野菜を蒸してから、炒めるレシピ

キャベツとじゃがいもの炒め物

キャベツを1玉まるごと使い切ります。しっかり塩をして1時間蒸し煮するとキャベツのうま味が引き出され、蒸しあがったキャベツはギュッと絞ると驚くほどかさが減り食べやすくなります。じゃがいもと一緒にオリーブオイルで炒めると、食欲をかき立てる香ばしさに。

この料理はウンブリアで田舎暮らしをしていた頃に、豚を解体してサルシッチャ（イタリアのソーセージ）を作ったら必ず添えていた副菜です。塩気やうま味の多い肉料理と一緒に食べると、白いごはんのようにもりもり食べてしまいます。炭水化物を穀物ではなく野菜から多く摂るようにすると、血糖値の急上昇も抑えられ、食後の消化も楽です。

加熱約1時間5分

材料（2人分）

キャベツ（中）…1玉
じゃがいも…2個
水…300㎖
塩…小さじ1
オリーブオイル…大さじ2～3
にんにく…2かけ
こしょう…少々

ジューシーなのに香ばしい！
やみつきの味

作り方

1 キャベツはまるごと洗って4等分に切る。

2 大きめの鍋に水300mℓを入れ、切ったキャベツの表面全体に塩をまぶしてから入れる。

3 じゃがいもは皮をむき、鍋に入れる。蓋をして弱火で1時間ほど蒸し煮する。

4 くたくたになったら火を止める。

5 キャベツをザルにあげておき、冷ましてからギュッと絞る。（こんなに水分が出ます！）

6 キャベツとじゃがいもを食べやすい大きさに切る。

野菜料理に合う、うま味食材②

アンチョビ

アンチョビは塩漬けにして発酵させたカタクチイワシをオリーブオイルに漬けたもの。塩辛に似ていますが、イタリアではおつまみとして食べるよりもうま味調味料として活躍する食材です。魚の形をしているけれどしょうゆのように味付けできるので、イタリアに調味料の「さしすせそ」があるとしたら必ず入るでしょう。

ブロッコリー、カリフラワー、キャベツなど地中海沿岸原産のアブラナ科野菜は特にアンチョビと味の相性が良く、古くから一緒に調理されてきました。オイル漬けは素材が空気に触れず腐らないので長期保存がきき、冷蔵庫でゆるやかに発酵したアンチョビがすっかりくずれてもおいしく食べられます。

●イタリア家庭料理のさしすせそ
私が考える、イタリア家庭料理に欠かせない5つの調味料です。左からアンチョビ、チーズ、オリーブオイル、にんにく、塩。家でイタリア料理を作るときは必ず自然塩を使います。精製した食塩より塩気がやや薄め。チーズとアンチョビはうま味を足す役。にんにくは食欲をそそる香りづけに。オリーブオイルは味を一つにまとめてくれます。

7 フライパンにオリーブオイルと皮をむいたにんにくを入れ、弱火で香りが出るまで炒める。

8 先にじゃがいもを入れ、中火で表面に焼き色がつくまで炒める。

9 キャベツを加えてサッと炒め、こしょうを加えて出来上がり。塩気が足りないときは塩（分量外）で味をととのえる。

ほくほく野菜をアンチョビで調味

カリフラワーのアンチョビ炒め

加熱約50分

材料（２人分）

カリフラワー…１株
オリーブオイル…大さじ２～３
にんにく…２かけ
アンチョビ…２～３本
白ワイン…20㎖
ナツメグ…少々
塩…適宜

カリフラワーはさっと茹でてポリポリ食べるイメージがあるかもしれませんが、イタリアではくずれるほどやわらかくなるまで加熱するのが一般的です。深い甘みが感じられるやさしい味と食感になります。

アンチョビの塩気を足し、仕上げにナツメグをかけるだけで立派な一食になるほどのおいしさとボリュームに。さらにパルミジャーノチーズを加えてうま味を重ね、パスタやパイの具としても幅広く使える一品です。

作り方

1 カリフラワーは茎の端を切り落とし、4等分に切る。

2 鍋に1㎝深さの水を入れ、蒸し器をセットしてカリフラワーを入れ、弱火で40分ほど蒸す。指でつぶれるくらいやわらかくなったらOK。

3 フライパンにオリーブオイルを入れ、皮をむいたにんにくを入れ弱火で炒める。香りが出てきたらアンチョビを入れる。

4 カリフラワーを入れ、アンチョビとともにへらで割りほぐし、混ぜ合わせながら1～2分炒める。

5 均等に混ざったら白ワインを入れ、中火にして5分ほど炒める。

6 器に盛ってナツメグをふり、アンチョビの塩気だけで足りないときは塩で味をととのえる。

まるごと焼いてオイルで和える

パプリカのオリーブオイル和え

加熱約20分　**作り置き**

材料（２〜３人分）

パプリカ…６個
にんにく…２かけ
オリーブオイル…1/2 カップ
塩…少々

パプリカはよく加熱することで格段に甘みが増します。表面の薄皮は消化に負担がかかるので、焼きナスの要領で取り除きます。大きめに裂いて塩とオリーブオイルで和え、皮をむいたまるごとのにんにくは刻まずに浸し、香りだけを楽しみます。

オイルがよく絡んでちゅるんとしたくちどけになり、ひとりでパプリカ3個分くらい食べられてしまいます。冷蔵庫で保存して冷えた状態もとてもおいしいです。

作り方

1 パプリカは洗ったあと水気を拭き取り、そのままスキレットか鉄の中華鍋（どちらもなければフライパン）にのせて火にかける。

スキレット

2 強火で20分ほど、表面が真っ黒になり中にしっかり火が通るまで焼く。

真っ黒に！

3 冷めたら黒くなった薄皮をむく。ヘタと種を取り除いて、手で4等分に裂く。

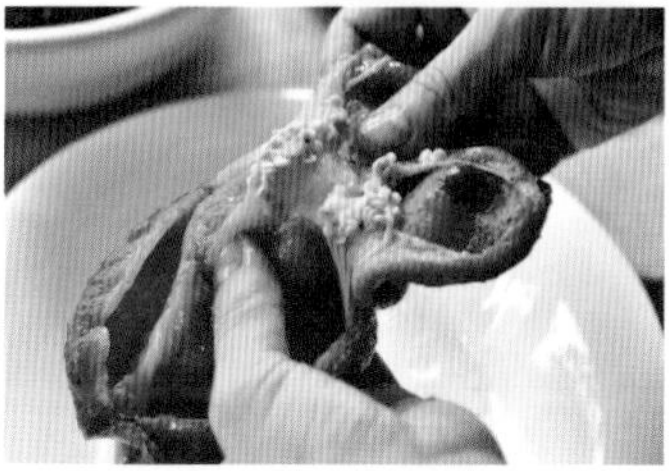

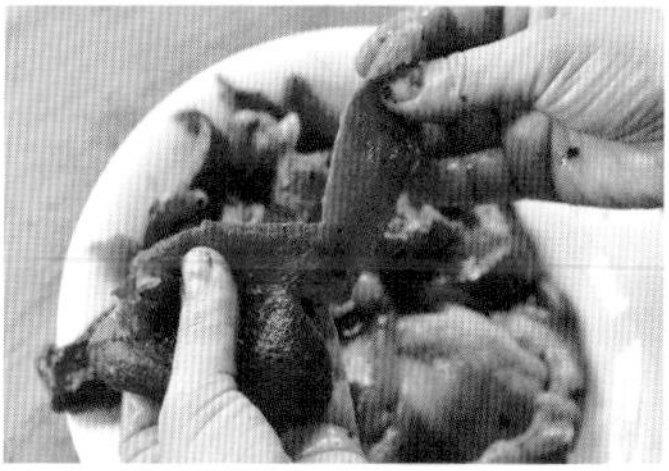

4 ボウルに移して皮をむいたにんにく、オリーブオイル、塩を加えてさっと和える。

おいしいものは、うちにある

イタリア中部、トスカーナ州の東隣にあるウンブリア州の農村に引っ越して初めての秋、大家さんが「うちのオリーブオイルが出来たからどうぞ」と玄関にニッコリ立っていました。そしてそのとき、生まれて初めて搾りたてのオリーブオイルを味わいました。あの感動的なおいしさは今でも忘れられません。

ウンブリアはオリーブオイルの産地。海に面していない内陸州で、中央アペニン山脈のふもとにあります。土壌が豊かで、山のおかげで夏も涼しく害虫の被害も少ないため高品質のオリーブが採れると言われています。ここで栽培されるモライオーロ種はポリフェノールの含有率が高く、世界的な品評会で優勝したこともあります。中部地方産特有の青草の芳香、後から喉に感じるピリッとした辛みが特徴です。このポリフェノール成分由来の辛みと香りの虜になり、暖炉であぶったパンに搾りたてのオリーブオイルをどっぷり浸して毎日食べていました。ローマに住んでいたときも割と良いオリーブオイルを使っていたのに、このおいしさの違いは何？　例えるならお米農家でごはんを食べたときのような、港で獲れたての魚で漁師料理をふるまってもらったような、我を忘れるほどのおいしさです。

村の人はみんなオリーブを手で丁寧に摘みます。

オリーブの実の収穫風景。どっさり採れました！

イタリアでは「おいしいものは、うちにある」と言われ、家族や友人との家での食事を大切にします。村の人々は今もオリーブの実や木が傷むからと手で摘んで、年に2回は羊の肥やしを入れて畑を耕します。ですので大量には栽培、収穫できません。自然からいただく食料とはそういうものだと達観しています。この辺りではたいてい村にオリーブオイルの搾油所があり、採れたオリーブの実を持って行って搾油してもらうシステムです。昔は小麦の製粉所もありましたが、近ごろ小麦を作る人はいなくなりました。ですがオリーブオイルだけは、自分の家で採れたものを使いたいと労力を惜しみません。

私が住んでいた村の搾油所のマッシモさんは、昔ながらの味を守りながら最新の機械で搾油します。非加熱なのはもちろん、無濾《ろ》過《か》のオリーブオイルはオリーブの味をよりしっかりと感じられます。マッシモさんに搾ってもらいたいからと、別の村から搾油にくる人もいます。良いオリーブオイルは酸化しにくく、農家では収穫量が少ない年は前年のオリーブオイルをもう一年使います。2年目もまだピリッとしていて品質を保てています。

どこの何がおいしいという知見は、日々の食事の中でこれはおいしい、今年のは香りが特に良いね、など産地やその年の気候などさまざまなことをフィードバックして育んでいくもの。イタリア人のようにはオリーブオイルの差がわからないという人も、まずは実の品種や産地などの情報を足掛かりにしながら、日々の食卓の中でどんどん試して、おいしいものを探してみてほしいと思います。

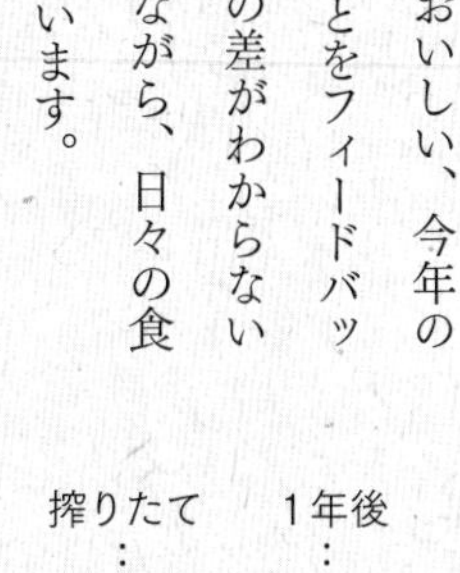

搾りたてのオリーブオイルは緑色。堪能するにはパンにかけて食べるのがいちばん。

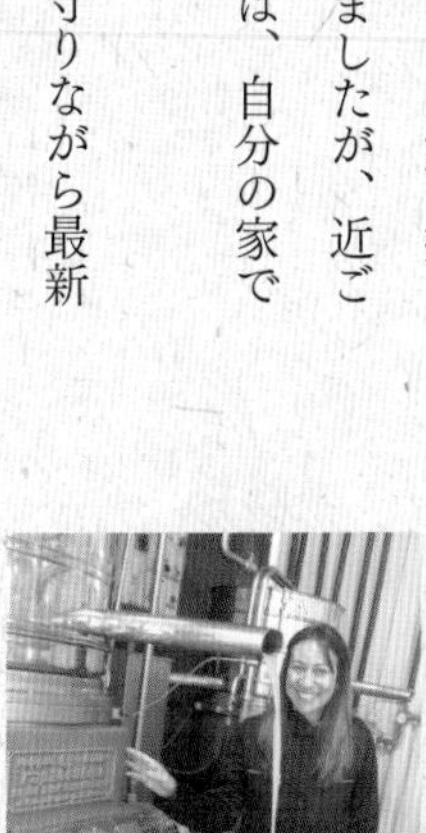

搾油所でのマッシモさん（右）と娘さん（左）。毎年秋に収穫・搾油したものを１年分仕入れさせてもらいます。

鍋で煮込む、スープにする

とろ火でじっくり
コトコトと。
長時間加熱した
野菜は
消化にもいい。

加熱の仕方

基本ごく弱火で1時間ほど、ストーブがあればその上に移して半日でもあたため続ける。

（部屋中に幸せなにおいが広がる）

オリーブオイルをどう使う？

野菜から出る水分や水、オリーブオイルで野菜を蒸らしながら、弱火でコトコト煮る。

道具は…

じわじわ熱が通りやすい厚手の鍋で、蓋つきのものを。

放っておける鍋型の調理家電も便利そうです。私は持っていないのですが、圧力鍋を使うとレシピより短い時間でできると思います。

味つけは…

塩とオリーブオイルだけで極上の野菜出汁が出来る。生のハーブや乾燥スパイスを足すと大人の味に。

弱火で長時間煮ることで野菜の味が濃くなるので、コンソメやブイヨンなどいわゆるスープの素が不要です。これぞ「時間が作るおいしさ」。

コンソメ不要。野菜の出汁だけで味が濃い！

ミネストローネ

野菜から出る水分には胃腸をすっかり休めてくれる働きがあります。より滋味深い野菜スープを作るコツは、弱火でゆっくり加熱して野菜にしっかり汗をかかせること。水を足すときも何回かに分けて少しずつ加えます。最初からたっぷりの水に浸け強火でバーッと煮立てると、野菜の味が出てきません。昔は暖炉の上で半日かけて熱を通していたくらいですから、とろ火で1時間でも2時間でもコトコト煮るのがおいしさの秘訣。

出来上がってから半日ほど寝かせるとさらに味が落ち着き、深みが出るので、作り置きにも適しています。季節の野菜や豆など、なんでも入れて楽しんでください。セロリなどの香味野菜や、オレガノやローリエなどハーブを入れて味に変化をつけても。

加熱約1時間45分～　**作り置き**

材料（2人分）

にんじん…1本
じゃがいも…1～2個
ズッキーニ（中）…1本
小松菜…100g
ミニトマト…6個
塩…小さじ1.5
オリーブオイル…大さじ4
水…約700mℓ

野菜と塩とオイルだけで
コクの豊かなスープに！

作り方

1 野菜を準備する。にんじんは皮をむいて一口大に切る。

じゃがいもは皮をむいて半月切りやいちょう切りに。

ズッキーニはいちょう切りに。

小松菜は茎は３～４㎝くらい、葉は６～７㎝くらいに切る。

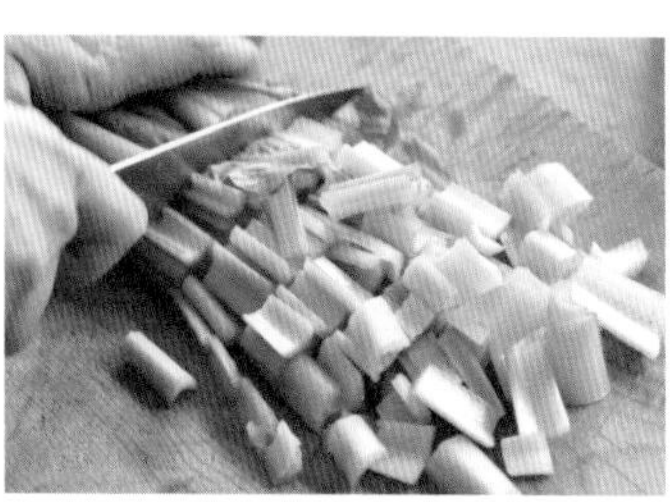

トマトは薄皮をむいておく（急ぐ場合はそのままでも）。

2 鍋にすべての野菜を入れ、塩をふり、オリーブオイルを入れる。

3 蓋をして弱火で15分ほど蒸し煮する。

4 分量の1/3の水（約230mℓ）を入れ、蓋をして30分煮る。

5 さらに1/3の水を入れ、蓋をして30分煮る。これをもう一度繰り返す。

6 15分＋30分×3回、火にかけてから2時間弱煮込んだら出来上がり。

トーストしたパンを浸して食べたり、スープ用のパスタを加えてさらに煮ても。

スープを作るときの水の加え方のコツ

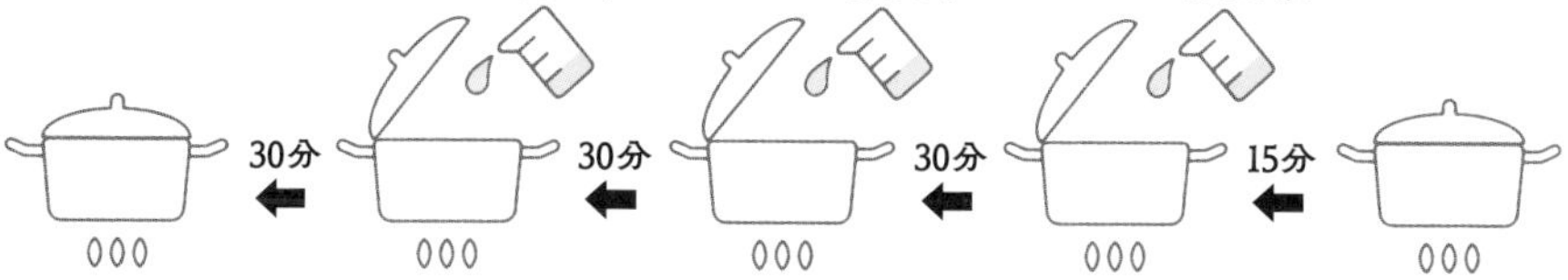

どれくらいの時間煮なければいけないということはなく、
もっと少しずつ水を加えてもっと長い時間かけて煮てもいいんです。
部屋中に良いにおいが漂います。

野菜がたくさん食べられる
栄養満点の夏のひと皿

野菜が元気な季節に作りたい

夏野菜のラタトゥーユ

ウンブリアの自宅の畑には、夏になると大量の野菜が実りました。こんなにもたくさんのナスやピーマン、ズッキーニをどうしようと困り果てるほどでしたが、ラタトゥーユにすると一度にたくさんの野菜が使えて、消化も良く夏バテも解消。この料理が生まれた理由がわかった気がしました。

以前アルバニア人の友人が作ってくれたオクラをやわらかく煮た料理がとてもおいしかったので、マイレシピに追加。付け合わせにはぜひパンを。煮汁に浸して食べるとおいしいです。

加熱約60分〜　**作り置き**

材料（３人分）

※大体の分量。少し多めでも少なめでも、またいんげんなどを入れても。

玉ねぎ…1/2 個
ナス…４本
ズッキーニ…１本
ピーマン…５〜６個
　※パプリカでも OK
オクラ…１〜２パック
ミニトマト…８〜 10 個
塩…適量
オリーブオイル…大さじ６
オレガノ…大さじ１
　（お好みで調整）

1 野菜の準備をする。玉ねぎはざく切り。はじめに炒めるので、鍋に入れておく。

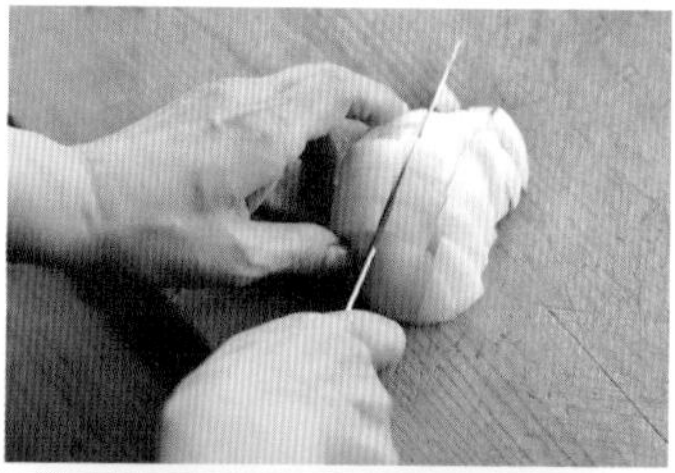

ナスは1㎝厚さの輪切りにして、10分ほど水にさらしてアクを抜いてから水気をふきとる。

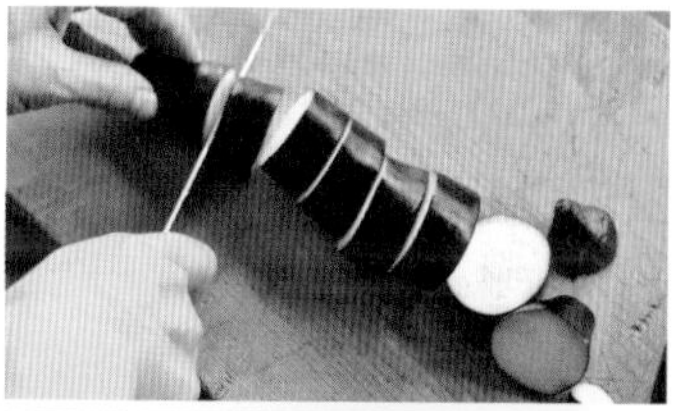

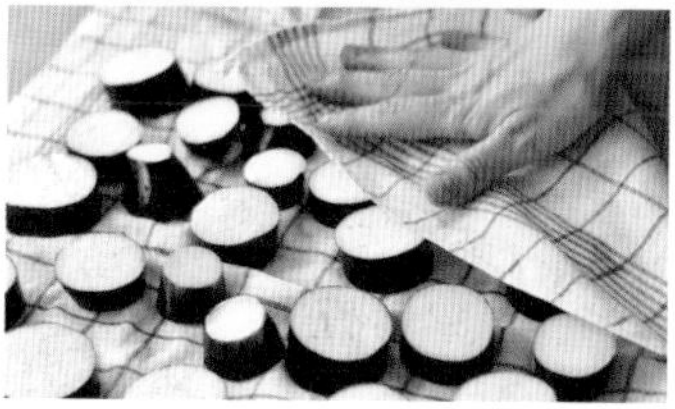

ズッキーニも1㎝厚さの輪切りに。

ピーマンは半分に切って種を除く。

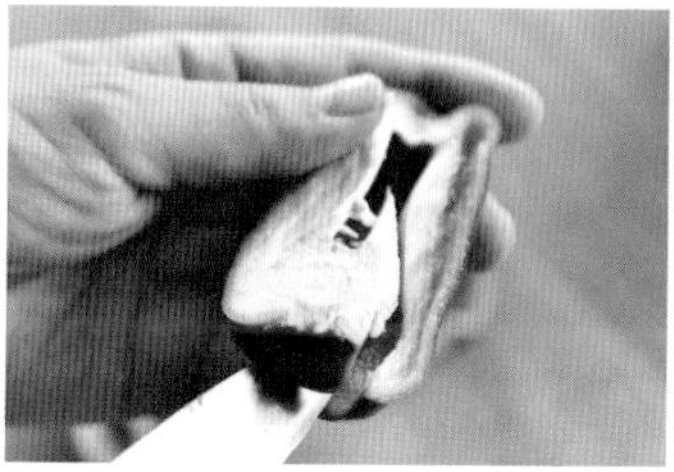

オクラはガクの部分を取り除く。ミニトマトはそのまま。

2 玉ねぎを入れた鍋にオリーブオイル（大さじ3）を入れ、中火でしんなりするまで炒める。

3 フライパンにオリーブオイル（大さじ2）を入れ、中火にかける。

4 ズッキーニを入れて塩をふり、焼き色がつくまで炒める。反対面も塩をふってから炒める。

両面に焼き色がついたら**2**の鍋に移す。

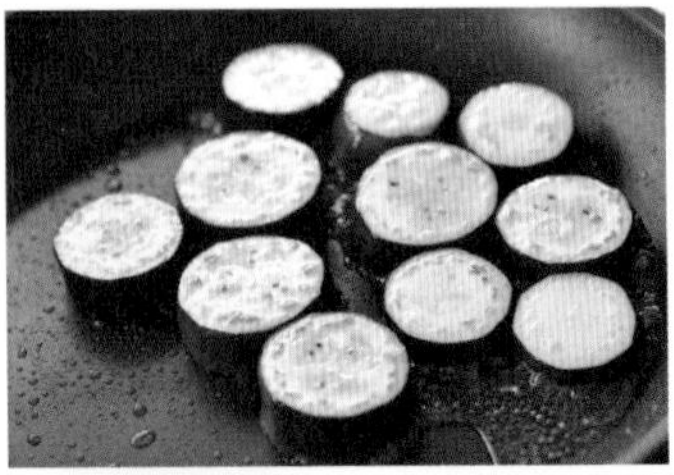

5 同じフライパンにオリーブオイル（大さじ1）を入れ、**4**と同じ要領でナスを炒め、鍋に移す。

6 鍋にオクラ、ピーマン、トマトも加える。

7　オレガノと塩を入れ、蓋をして弱火で30分から1時間ほど煮る。

8　色がすっかり変わりくたくたになっていたら完成。半日ほど寝かせると味がなじんでまたおいしくなります。

カブとネギの好相性を実感

カブと長ネギの煮込み

カブはまるごと煮込みます。オリーブオイルと少しの水を足し、あとはカブの水分が出てくるのでカブにおまかせ。煮込んでから半日ほどおくと味がなじむので、朝の支度中に材料を鍋に入れて火にかけ、出かける前に火を止めて放っておけば、夜帰ってきたときにはおいしくなっています。カブと長ネギの素朴な甘みやうま味に心からホッとして、疲れがとれます。フェンネルシードとローリエを一緒に入れると大人好みのスパイシーさに。

加熱約60分　**作り置き**

材料（２～４人分）

カブ…10個
長ネギ…１本
水…100㎖
にんにく…２かけ
フェンネルシード…少々
ローリエ…２枚
塩…小さじ 1/2
オリーブオイル…大さじ４
こしょう…適宜

作り方

1 カブは皮をむき、ネギは２㎝の筒切りに。鍋に野菜と水、皮をむいたにんにく、フェンネルシード、ローリエ、塩、オリーブオイルを入れる。

2 蓋をして弱火で１時間ほど煮込む。お皿に盛って、最後にお好みでこしょうをふる。

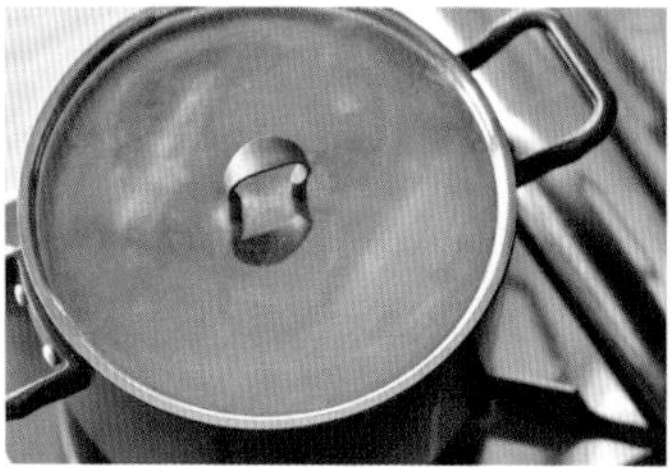

カブの味ってこんなに濃い⁉
ネギとスパイスとの相性もいい

ほくほくでなめらかな
豆の惣菜

緑の豆のおいしさを最大限楽しむ

そら豆とグリーンピースのオイル煮

この料理を知ったとき、なんて楽しい組み合わせだと思いました。どちらもちょうど同じ時期に出回り、古くから地中海沿岸から西南アジアで食されてきた豆です。春はやわらかい旬のもの、以降は冬を越すまで乾燥させたものが年中食べられます。オリーブオイルとの相性がとてもよく、ほっくりしたそら豆と、グリーンピースの甘みが、止まらなくなるおいしさです。

加熱約15分

材料（３～４人分）

そら豆…（さやから出して）300g
グリーンピース…（さやから出して）150g
塩…少々
イタリアンパセリ…２～３本
オリーブオイル…大さじ３
水…60㎖

作り方

1 そら豆はさやから出し、あとでむきやすいように薄皮に包丁で切れ込みを入れておく。

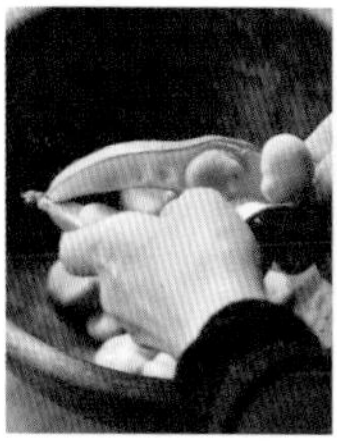

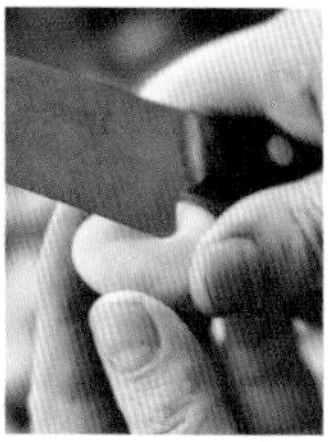

グリーンピースはさやから出す。

2 沸騰した湯にそら豆を入れ、2〜3分茹でてザルにあげる。

湯はそのまま、次にグリーンピースを5分ほど茹でてザルにあげる。かたい場合はさらに5分ほど茹でる（新鮮な豆ほどやわらかくなりやすい）。

3 そら豆の薄皮をむく。

4 鍋にそら豆とグリーンピース、オリーブオイル、水、塩ひとつまみを入れ、蓋をして弱火で5分ほど煮る。

5 イタリアンパセリの下のほうの茎を除き、みじん切りにしておく。

6 火をとめてイタリアンパセリを入れ、余熱で混ぜ合わせる。

くずれるほどやわらかく
煮た豆が、オイルと絡んで
うんと食べやすく

白いんげん豆のオイル和え

豆はやわらかく煮てオリーブオイルをよく絡ませると粉っぽさが減り、食べやすくなります。レストランみたいにソーセージや肉と煮込まなくともじゅうぶんおいしく栄養満点。貧血の際鉄分補給にすすめられました。にんじんとセロリは入れると香りが段違い。ぜひお試しを。

材料（２〜３人分） **加熱約1時間30分** **作り置き**

白いんげん豆（乾燥）…200g
にんじん（小）…１本
セロリ…１本
塩…小さじ２
玉ねぎ…1/4 個
イタリアンパセリ…１本
オリーブオイル…1/2 カップ
白ワインビネガー…少々

作り方

1 乾燥白いんげん豆は鍋に入れ、豆の４〜５倍の水に一晩浸けてもどしておく（6〜8時間でもどりますが、古い豆は2日かかります）。

2 **1**に蓋をして弱火にかけ、沸騰したらアクをとり、皮をむいて縦半分に切ったにんじんと半分に切ったセロリを入れて1時間ほど煮る。

3 豆がやわらかくなったら塩を入れてさらに 30 分煮る。

4 玉ねぎとイタリアンパセリをみじん切りにする。

5 ボウルに**4**を入れてから白いんげん豆をお玉ですくって移し（にんじんとセロリは鍋に残す）、煮汁もお玉３杯分ほど加えて**4**をあたためてから、オリーブオイル、白ワインビネガー、塩少々（分量外）を加えて和える。

＊香りづけに使用したにんじんとセロリは裏でコッソリ食べる。

あずきとトマトのオイル煮込み

多くの国で豆が野菜や肉と一緒に煮て食べられていることにヒントを得て考えたオリジナルレシピです。不思議な組み合わせと思われるかもしれませんが、あずきとトマトは相性抜群。イタリアでも日本でもおいしいと評判です。パンにも合いますし、ショートパスタを入れても。

材料（2人分）　**加熱約2時間**　**作り置き**

あずき（乾燥）…50g
塩…小さじ1
オリーブオイル…大さじ2
にんにく…2かけ
オレガノ…適量
※ローリエでも
トマト（大）…2個

作り方

1 乾燥あずきは鍋に入れ、あずきから7cmかぶるくらいの水に一晩浸けてもどしておく（6〜8時間でもどる）。

2 **1**を中火にかけ、沸騰したら弱火にし、蓋をして1時間ほど煮る。

3 豆がやわらかくなったら塩を入れてさらに30分煮る。

4 トマトの薄皮をむいてざく切りにする。

5 フライパンにオリーブオイルと皮をむいたにんにく、オレガノを入れて中火で炒め、香りが出たら**4**を入れて蓋をし、5分ほど煮詰める。

6 **5**にあずきをお玉ですくって移し、煮汁もお玉1杯分ほど加え、蓋をして30分ほど煮る。

7 とろみがついたら食べごろ。味見をして塩気が足りないときは塩で味をととのえる。お皿に盛り、食べる前にオリーブオイル（分量外）をまわしかける。

＊煮たあずきを冷蔵庫に保存し、食べる前に**4**以降の調理をしても。

ビーツとレンズ豆の赤ワイン煮

ロシア料理によく登場するビーツは、食べる輸血と言われるほど鉄分が豊富。同じく鉄と、鉄の働きを助ける銅を多く含むレンズ豆と一緒に煮込んだ栄養強化スープです。ビーツの甘みとレンズ豆の濃い豆の味がよく合い、どっしりタイプの赤ワインで煮込むとより深い味わいに。メイン料理としてぜひ。

作り方

1 ビーツは下茹でをして皮をむき、2cmほどの厚めの輪切りに。にんじんは小さめの乱切りに。レンズ豆は洗って水を切っておく。

2 鍋にオリーブオイルを入れ、にんじんとローズマリーとローリエを入れて、中火で香りが出るまで炒める。

3 **2**に皮をむいた小玉ねぎとレンズ豆を入れ、油がなじむように5分ほど炒める。

4 ビーツを入れてさらに5分ほど炒め、甘い香りがしてきたら赤ワインをまわし入れ、アルコール分を飛ばしながら炒める。

5 豆から1cmくらいの高さになるように湯を入れ、蓋をして弱火で1時間ほど煮る。その間、湯の高さが一定になるように少しずつ水を足す。

6 豆がやわらかくなっていたら塩をふり、さらに30分ほど煮る。煮汁が減ってきたら出来上がり。

材料（２～３人分） **加熱約2時間**

作り置き

ビーツ（小）…５～６個
にんじん（中）…１本
レンズ豆（乾燥）…150g
オリーブオイル…大さじ４～５
ローズマリー（生）…１枚
ローリエ…２枚
小玉ねぎ…５～６個
赤ワイン…１カップ
湯…１カップ
塩…適量

＊付け合わせに、オリーブオイルで 15 分ずつ弱火で両面を焼いて塩をふったズッキーニなどを。

ふきのとうのオイル煮

春の山菜の苦みは、ポリフェノールが豊富な証。オリーブオイルでじわじわと煮ることで苦みが緩和され、味が丸くなり食べやすくなります。またオリーブオイルのアロマが、春らしいふきの香りを引き立てます。イタリア人は苦い食材をオリーブオイルで食べやすく調理するのが好きです。苦い野生のアスパラガスも同じように炒めます。

作り方

1 ふきのとうは洗って、大きいものは４等分、小さいものは半分に切る。

2 フライパンにオリーブオイルと皮をむいて４等分に切ったにんにくを入れ、弱火で香りが出るまで炒める。

3 **2**にふきのとうを入れて塩をふり、蓋をして弱火のまま20分ほど煮る。

4 ふきのとうがやわらかくなり、色が変わったら出来上がり。そのままおかずとして食べても、パスタのソースにしたり、オムレツの具にしても。瓶に入れて保存する際はふきのとうがオイルから出ないようにする。

材料（２人分）**加熱約20分**　**作り置き**

ふきのとう…250g
にんにく…２かけ
オリーブオイル…大さじ４～５
塩…少々

アレンジレシピ

ふきのとうのオムレツ

フライパンにオリーブオイルを入れ中火にかけ、卵３個を溶きほぐした卵液を入れて手早く混ぜる。半熟になったらふきのとうのオイル煮（大さじ２）を入れ、フライパンの奥に寄せて返し、オムレツの形に整えて全体を焼き、皿に移す。

時間が作るおいしさ

イタリアに住んだ当初、イタリア人の友人や夫の親戚によると私の料理は「生煮え」「生焼け」。一度オーブンを消し忘れて予定より30分以上長くパンを焼いたら、「これよこれ！　このぐらい焼いた方がいいわよ。あなたのパン、いつもちょっと焼きが足りなかったのよね」。火が通ったと思ってからさらに加熱しないと、料理が煮えた、焼けたと認識されないようでした。「よく煮えています」とか「よく焼けていますね」が料理の誉め言葉に使われます。彼らの文化には、時間をかけて作られたものへの敬意と賞賛が前提にあるのかもしれません。

イタリア料理やフランス料理のレシピでは、〝素材が汗をかく〟という表現をよく耳にします。いきなり強い火で加熱すると汗をかくことなく、肉や野菜は歯ごたえを残したまま水分を閉じ込めます。一方、素材を温泉に浸けるようにゆっくり加熱していくと、素材からじわっと水分が出ます。この水分をじわりじわりと出していく過程で、素材の奥に眠るうま味や甘みが引き出され、この味がお湯に溶けてスープになり、オリーブオイルに溶け出してソースになります。最終的にホロホロとくずれるほどのやわらかさになった肉や野菜は、実にお腹にやさしく収まります。

暖炉の炭火でカルツォーネ（包みピザ）を焼いているところ。香ばしさが格別です。

ウンブリアの自宅の薪ストーブはオーブン付き。上には常に何かをあたためる鍋が。

西洋料理の原点は、暖炉の火で日がな一日コトコト煮る料理。そこを目指しているからなのか、イタリアの家庭用ガスコンロは日本のほど強火になりませんでした。強くならない火で必死になって表面に焼き目を付けたり水分が出ないよう気を付けるのはいつしかやめ、代わりにとろ火にかけて肉汁も野菜の水分も出ていくままに。火が弱い分時間はうんとかかります。発想が根本的に違うのだと実感しました。

その後東京に戻り、子育てと店の営業と家事で目の回るように忙しかった時期も、工夫しながら「時間をかけた加熱調理」を続けてきました。弱火にかけている間はずっと火のそばにいる必要はなく、その間にもう一品さっと作る、掃除やアイロンがけをする、ほっと一息つくこともできます。プロセスを分けることも可能で、冬など朝起きてすぐ1時間火にかけて、出かける前に火を消して味をなじませれば、帰宅後に温めてすぐ食べられます。茹で時間のかかる豆料理や蒸してから焼くなど二度加熱が必要な料理は、一度目の加熱後に冷蔵庫で保管して、余裕がある日に続きをやることもできます。よく加熱するから保存がきき、むしろ翌日まで置いたほうが味が落ち着きおいしくなるので作り置きにも適しています。何より素材の形をそろえて切ったり、野菜が色鮮やかになるタイミングに神経を研ぎ澄ます必要がない気楽さが魅力です。

もちろん強火の恩恵にあずかって短時間でさっと調理することもありますが、コトコト時間をかけることで生まれる味と食材のやわらかさは、心からホッとして魔法のように疲れが取れます。そしてまた明日も頑張ろうと思える体力と気力が芽生える気がします。

豆料理は時間がかかりますが、食べたときの幸福度がとても大きいです。

たくさん採れたトマトを保存用に干しているところ。じわじわとうま味が増します。

ブレンダーで
とろとろに

大人も子供も、
心からほっとする
やわらかさ。
アスリートの
エネルギー補給にも。

加熱の仕方

弱火で数十分〜
豆だと1時間〜
指でつぶれるくらい
やわらかくなるまで加熱。

オリーブオイルをどう使う？

やわらかく加熱した
野菜をブレンダーに
かけてとろとろにして、
オリーブオイルをかける。
野菜を煮たり炒めたり
するときも
オリーブオイルを使う。

道具は…

ハンドブレンダーの
ほか、ミキサーや
フードプロセッサーでも。

さらにこし器でこすとよりなめらかになります。

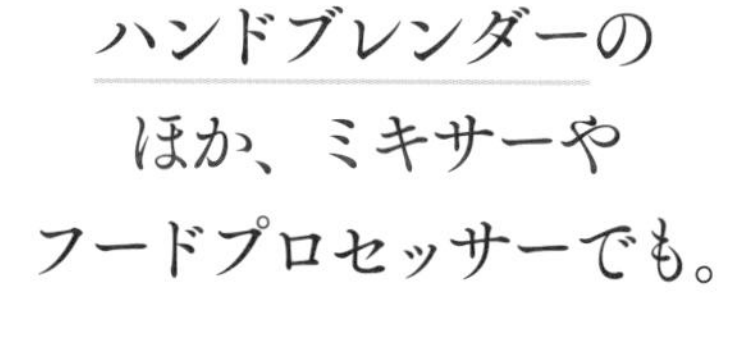

味つけは…

なめらかさを出すために
合わせる玉ねぎや
じゃがいもがうま味も
プラスしてくれる。
香味野菜やハーブ、
スパイスを足して
大人の味にしても。

＊ 本書ではイタリアで「パッサータ」と呼ばれるピュレ状スープを「クリームスープ」と表記しています。「クリーム状」という意味で乳製品は使用しません。

栄養満点で、お腹も心も満たされる

カリフラワーのクリームスープ

カリフラワーはあまり食べないという声をときどき聞きますが、イタリアの家庭ではパスタやパイ、グラタンの具として、また炒め物やクリームスープの主役として大活躍します。ブロッコリーと同じ地中海沿岸原産のアブラナ科野菜で栄養価が高く、旬の冬には毎日のように食べます。

ブレンダーにかけたカリフラワーは子供の食事の定番でもありますが、フランス人フィギュアスケート元世界王者のブライアン・ジュベールさんはパンや米などの代わりにカリフラワーのピュレをたっぷり食べて炭水化物を補給しているそうです。

このレシピではじゃがいもと一緒に煮てなめらかさをプラス。ナツメグをふれば大人の味わいに。とろける口当たりは体調の良くないときや二日酔いの食事にもぴったりです。

加熱約35分　**作り置き**

材料（２人分）

カリフラワー…１株
じゃがいも…１個
オリーブオイル…大さじ２
塩…少々
水…500mℓ
ナツメグ…少々

極旨クリーミー。

カリフラワーの

イメージ一新！

1 カリフラワーは小房に切り分け、茎は根元のかたい部分の皮をむいて、食べやすい大きさに乱切りする。

2 じゃがいもは皮をむいて1㎝厚さの輪切りに。

3 鍋にカリフラワーとじゃがいも、オリーブオイル、塩、1/3 量の水を入れる。

4 蓋をして弱火で 30 分ほど煮る。途中、野菜から水分が出始めたら残りの水を少しずつ足す。常にひたひたより少なめになるように、何度か繰り返す。

5　器によそったらナツメグとオリーブオイル（分量外）をお好みの量かける。

5　指でつぶれるほどやわらかくなったら、ブレンダーにかける。

6　鍋に戻してひと煮立ちさせる。味見をして塩気が足りないときは塩で味をととのえる。

そら豆のピュレと青菜（ファーヴェ エ チコーリア）

イタリアの地図の長靴のかかと部分にあたるプーリア州で「クチーナポヴェラ（貧しい料理）」と呼ばれる料理で、私はイタリア料理の原点だと思っています。乾燥させたそら豆と原っぱに生えている野草チコーリア（チコリー）、おいしいオリーブオイルで作ります。地味ですが栄養価が高く、イタリア人が心のふるさとのように大事にしている味です。乾燥そら豆がない場合、生のそら豆で育ちすぎてかたくなったものを使っても。

チコーリアの和名は菊苦菜《キクニガナ》。日本ではポピュラーな野菜ではないので、カブの葉や菜の花など、苦みのある青菜で代用します。今回はスイスチャード（てん菜の葉）を使いました。青菜は炒めずに少量の水とにんにく、唐辛子で蒸し煮に。最後にオリーブオイルをまわしかけていただきます。

加熱約1時間30分〜　**作り置き**

材料（3〜4人分）

そら豆（乾燥）…400g
ローリエ…1枚
塩…少々
スイスチャード…1束
水…2/3カップ
にんにく…2かけ
唐辛子…1本
オリーブオイル…大さじ2

とろける豆と青菜に
さわやかな生の
オリーブオイルを

作り方

1　乾燥そら豆はボウルなどに入れ、ひたひたの水（分量外）に一晩浸けてもどしておく（6〜8時間でもどる）。

2　1をもどし汁ごと鍋に移し、ローリエを入れて弱火で1時間ほど煮る。アクが出てきたらとる。アクはとりすぎず、一度くらいでOK。

生のそら豆の場合はさやから出し、さっと湯がいて薄皮を除き、鍋に入れひたひたの水で煮る。

3　スイスチャードは根を取り除いて半分に切る。

4　フライパンに水と皮をむいたにんにく、唐辛子を入れて弱火で煮立たせる。

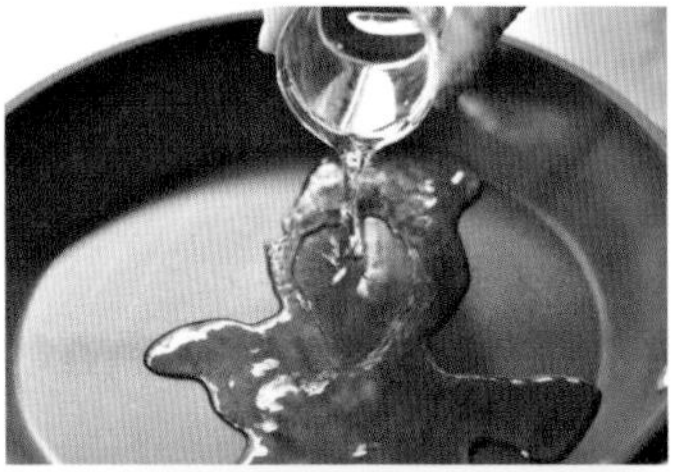

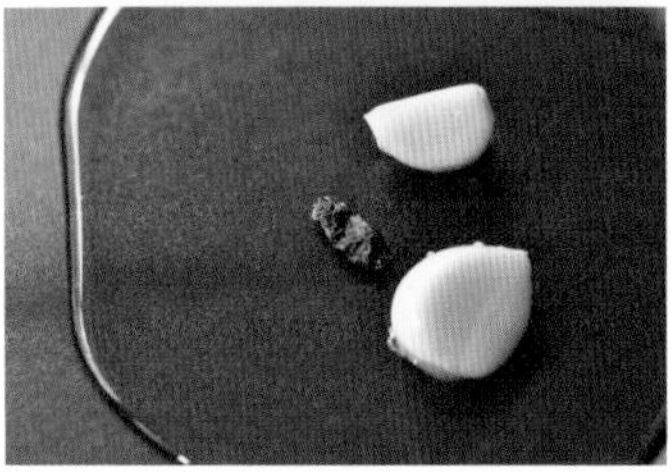

5　スイスチャードを入れて塩をふる。

6 蓋をして弱火のまま、30 分ほど蒸し煮する。

色が変わってくたくたになったら取り出す。

7 **2**の豆が指でつぶれるくらいやわらかくなっていたら塩を入れ、全体を混ぜ合わせる。かたい場合はもう少し煮る。

8 ローリエを取り除いてブレンダーにかける。

9 ピュレの水分が多い場合は 20 〜 30 分ほどを目安に煮詰める。

10 皿にスイスチャードとそら豆のピュレを盛り付け、食べるときにオリーブオイルをまわしかける。

イタリア語でパッサータ、
フランス語でピュレ。
豆やとろみ野菜で手軽に調理

生うずら豆のクリームスープ

うずら豆はイタリア語でボルロッティ、別名トスカーナ豆と呼ばれるいんげん豆の一種。採れたてのさやは赤の霜降りでショッキングな色合いですが、とてもやさしい味です。保存がきかずすぐ乾燥させるため、イタリアでは8月末から2週間ほど出回る時期に生の豆料理を堪能します。

材料（2〜3人分）

加熱約1時間20分

作り置き

うずら豆
…（さやから出して）400g
にんじん…1/2本
セロリ…約10cm
ミニトマト…4〜5個
オリーブオイル…大さじ2
塩…少々

採れたてのうずら豆

作り方

1 うずら豆はさやから出して洗い、鍋に入れてひたひたの水に浸けて弱火で20分ほど煮る。アクが出てきたらとる。

2 豆が指でつぶれるくらいやわらかくなったら塩を入れ、さらに20分ほど煮る。煮汁はとっておく。

3 にんじんとセロリ、皮をむいたミニトマトを細かく刻む。すり鉢ですりつぶしてもよい。

4 別の鍋にオリーブオイルを入れ、**3**を弱火で炒める。香りが出てきたらうずら豆をお玉ですくって移し、豆の煮汁をひたひたになるまで入れて30分ほど煮る。

5 **4**をブレンダーにかけて、鍋に戻してひと煮立ちさせる。かたいと感じたら煮汁を足し、味見をして塩気が足りないときは塩で味をととのえる。

6 器によそったらオリーブオイル（分量外）をまわしかける。

バターナッツかぼちゃのクリームスープ

秋に見かけることが増えた、繊維が少なく舌触りがなめらかなかぼちゃ。じゃがいもや生クリームでとろみを足す必要がない粘度で、ナッツのような濃厚な甘みがあります。

材料（２～３人分）**加熱約1時間10分** **作り置き**

バターナッツかぼちゃ…１個
玉ねぎ…1/2 個
オリーブオイル…大さじ2
塩…少々
水…1/2 カップ

作り方

1 バターナッツかぼちゃは４等分に切って皮をむき、種を取り除いて一口大に乱切りする。玉ねぎは薄切りにする。

2 フライパンにオリーブオイルを入れ、弱火で玉ねぎが透き通るまで炒める。

3 **2**にかぼちゃを入れて塩をふり、蒸気をのがさないようにぴったりと蓋をしてごく弱火にかけ、かぼちゃの水分が出てきたら水を２～３回に分けて入れ、合計１時間ほど煮る。

4 ブレンダーにかけて出来上がり。

にんじんとじゃがいものポタージュ ～しょうが風味～

アドリア海を望むアンコーナ近くのホテルで食べた料理です。イタリア料理ではあまりなじみのないしょうががアクセントになっていて、ポピーシードのプチプチも新鮮です。

材料（２～３人分）**加熱約40分**

にんじん（中）…３本
じゃがいも（中）…２個
しょうが…１かけ
オリーブオイル…大さじ２
塩…少々
水
…約 350 ～ 400mℓ
ポピーシード
…大さじ1

作り方

1 にんじん、じゃがいもは皮をむいて５㎜厚さの輪切りに。しょうがは洗って皮をむいておく。

2 鍋にオリーブオイルと**1**を入れ、塩をふって蓋をしてごく弱火にかける。ときどき焦げないように混ぜる。

3 野菜から水分が出てきたら分量の 1/4 の水を加え、水分が減ったら残りの水を少しずつ足しながら 30 分から１時間煮る。ときどき焦げないように混ぜる。

4 しょうがを取り除いてブレンダーにかけ、鍋に戻してひと煮立ちさせる。かたいと感じたら少し水を足し（分量外）、味見をして塩気が足りないときは塩で味をととのえる。

5 器によそったらオリーブオイル（分量外）をまわしかけ、ポピーシードをのせる。

赤ちゃんからお年寄りまで。
野菜でとる万能出汁
「野菜のブロード」三段活用

1 野菜のブロード

フランス料理のブイヨンは肉と香味野菜を煮詰めて作りますが、イタリアでは肉のブロード（出汁）、魚のブロード、野菜のブロード、きのこのブロードと種類別。野菜料理には野菜のブロードが合います。リゾットに使うのもおすすめですし、キャベツやじゃがいも、にんじんなど季節の野菜を入れて煮ると、立派な野菜スープが完成します。和食の出汁がみそ汁や煮物に活用できるのと同じ。アクの少ない野菜でとったブロードは赤ちゃんの離乳食にも使い、まるで日本の昆布出汁のようです。野菜から出た味や栄養がスープにしみ出て、肉やガラがなくてもこんなに味が出るのかと驚きます。赤ちゃんからお年寄りまで、一生飲み続けられるスープです。

加熱約1時間〜　作り置き

材料（約1ℓ分）

じゃがいも…1個
にんじん…1本
玉ねぎ…1個
ズッキーニ…1本
トマト…1個
セロリ…1/3本
　※葉のついた部分を使う
水…2ℓ
塩…大さじ1

作り方

1 じゃがいも、にんじん、玉ねぎは皮をむく。ズッキーニ、トマトはヘタを取る。

2 鍋に水を入れ、1とセロリを入れる。塩を加え、蓋をしてごく弱火で1時間から2時間煮る。

3 味見をしてしっかり味が出ていたら火を止める。

4 ブロード（出汁）を煮沸した瓶に入れ、蓋をかたく閉める。熱がとれたら冷蔵庫で保管する。冷蔵庫で2週間保存がきく。

*作ってすぐよりも半日ほどおいてからのほうが味がまろやかでおいしくなります。

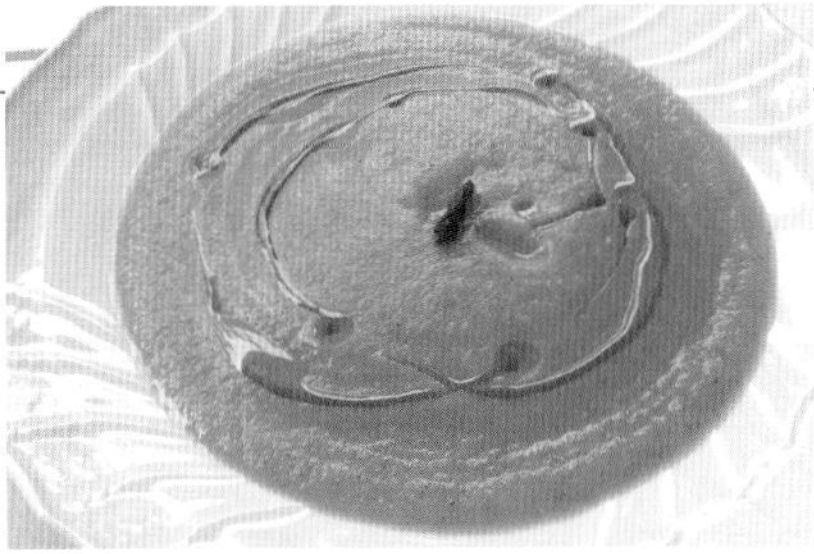

2 野菜のブロードのあまりで作る クリームスープ

野菜のブロードのために使った野菜も無駄にはしません。ブレンダーにかけてブロードでのばせばクリームスープの完成。夏は冷ましてスパイスと組み合わせ、冬は煮豆と一緒にピュレにするのもおすすめです。こし器でさらになめらかにすると舌触りがよくなります。唐辛子を使うとかすかにピリッとくるところが気に入っています。

材料（４人分）

出汁をとったあとの野菜
　※セロリの葉は除いたほうが見た目がきれい
野菜のブロード…１カップ
唐辛子…１本
ナツメグ…少々
オリーブオイル…少々
塩…適宜

作り方

1 野菜をすべてブレンダーにかける。ブロードを少しずつ足して、好みの濃度にする。

2 唐辛子はすり鉢などですりつぶしてから1のクリームスープに入れる。ナツメグも加える。味見をして塩気が足りないときは塩で味をととのえる。

3 器に盛り、オリーブオイルをまわしかける。

3 野菜のブロードを使った お腹にやさしいパスタ

野菜のブロードでやわらかめに茹でたスープパスタはやさしい味でほっこりします。スープ用パスタがなくてもスパゲッティを２㎝くらいにポキポキ折って代用してもいいですし、米を洗わずに入れてもおいしいです。スープでパスタを茹でるとでんぷん質が溶け込んで味に丸みが出ます。疲れているときには少々茹で過ぎのほうが食べやすいですね。野菜の栄養がしみわたり、体がすっきりします。

材料（２人分）

野菜のブロード…４カップ
スープ用パスタ…90g
パルミジャーノチーズ…大さじ１
オリーブオイル…大さじ１

作り方

1 鍋に野菜のブロードを入れて火にかけ、沸騰したらパスタを入れる。

2 指定の茹で時間より少し長めに茹で、アルデンテ（歯ごたえが残る程度）ではなくなったらスープ皿に移し、上に削ったパルミジャーノチーズかオリーブオイル、または両方かけて出来上がりです。

大人も子供もうれしい料理

オリーブオイルの生まれた地中海沿岸では、たっぷりの野菜とオリーブオイルは食生活の基本、健康を支える基盤です。「野菜を摂らないと健康に悪いから」と考えて食べる人はおらず、「オイルたっぷりに調理されたやわらかい野菜をお腹いっぱい食べたい！」という気持ちが自然と湧き出ている様子。ズッキーニはなんておいしいんだ、このナスはいくらでも食べられる、パプリカあますぎる！　とイタリア人がやわらか野菜を語るとき、必ず笑みがこぼれています。離乳の時に最初に食べる味が野菜でとったスープだからかもしれません。日本人にとっての昆布やカツオの出汁と同じと思えば腑《ふ》に落ちます。

イタリアで出産したとき、この地で子育てをするのに赤ちゃんには何を食べさせたらいいのか、普段大人が食べている料理を食べるわけがないし……と悩み、毎月訪問してくれる小児科の先生に相談しました。するとまだ母乳しか飲んでいない赤ちゃんにもオリーブオイルを舐めさせるといいと言われました。水も飲んでいない段階です。一体何のために油なんかを？　と仰天しました。いくら健康によくても赤ちゃんに油なんて……と半信半疑でしたが、ベテラン主婦の友人や親戚も同意見だったので、郷に入れば郷に従え。実際にやってみると、息子のお腹がゴロゴロして具合が悪いときに少しあげるとお腹の張りが

近所の子供達がいつも集まって遊んでいて、ごはんの時間になるとお母さんやおばあちゃんの手作り料理で食事。あちらでご馳走になったら今度はこちらに招待、と持ちつ持たれつでした。

収まり、機嫌がよくなることがだんだんわかってきました。

離乳が始まると、ズッキーニやじゃがいも、にんじん、スイスチャード（てん菜の葉）など刺激の少ない野菜を水で煮たスープに、少しのオリーブオイルを入れて飲ませます。もう少しするとそのスープで米やパスタの粉を溶いたとろみのある穀類を食べ始めます。成長するに従って食べられる野菜の種類が増え、煮る→炒める→揚げる、と調理法の幅も広がります。

息子が学校に行き始めた頃、給食のサラダを嫌がって野菜全部が嫌いになってしまった時期がありました。そんなときでもやわらか野菜を具にしたパスタやリゾット、パイなどは「ぼく野菜大嫌い！」と言いながらパクパク食べるので笑ってしまいました。オリーブオイルでよく加熱すると野菜独特のえぐみやクセのある香りが消えて甘みが増し、食感もなめらかになるので食べやすくなります。それが大好きなパスタや米によく絡んだり、サクサクのパイの具になっていると、野菜と思わず食べられるんだなと面白く思いました。

ずいぶん前ですが阿佐ヶ谷の店に１００歳のお母さまを車いすで押してきた方がいました。普段そのお母さまは牛乳とパンしか食べないのに、スープにオリーブオイルをたらしたらおいしそうに食べてくれたと喜んでいました。そろそろ70代の私の母は以前に胆嚢《たんのう》の手術をして油が消化の負担になる体ですが、うちのオリーブオイルなら大丈夫だそう。油を使う料理はすっかりオリーブオイルに替え、ポテトサラダにもマヨネーズではなくオリーブオイルを使っています。やわらか野菜とオリーブオイルは、赤ちゃんから親世代まで、一生を支えてくれる頼もしい食材です。

家族や親戚、ご近所さんとの食事が日常。全世代がおいしいと感じるレシピをたくさん教えてもらいました。

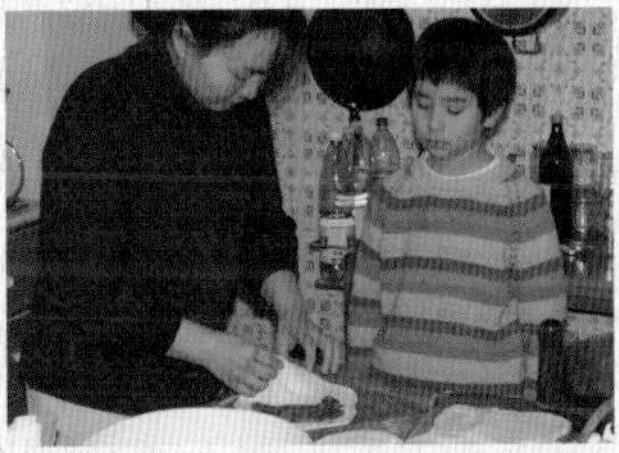

息子とピザ作り。パプリカとトマトソースのピザは子供も大好物。

お腹にうれしい野菜のリゾット

野菜たっぷり、
米は少なめ。
お腹と心をあったかく
満たしてくれる。

加熱の仕方

野菜は弱火でじわじわ
加熱する。
米は透き通るまで
炒めたあと、
出汁を少しずつ加えて
火加減を見ながら加熱。

（P. 101 の図参照）

オリーブオイルをどう使う？

野菜をやわらかく
加熱調理する際や、
玉ねぎや米を炒めるのに
オリーブオイルを使う。

道具は…

米が薄く広がる大きめの
フライパンが調理しやすい。
混ぜるときフライパンを
傷つけないへらを。

味つけは…

白ワインで米の臭みをとり
風味付けを。バターはコク出しに。
チーズはパルミジャーノが
おすすめで、野菜を煮詰めて作る
野菜ペースト（P.105）があれば
味が決まる。

疲れた胃腸にしみわたる

キャベツのリゾット

キャベツはブロッコリーやカリフラワーと同じ地中海沿岸原産のアブラナ科野菜で、古代ギリシャ・ローマ時代にすでに胃腸を整える食材として知られていました。レストランで食べるキャベツのパスタのイメージがあるかもしれませんが、イタリア家庭ではリゾットのほうがポピュラーかもしれません。やわらかくなったキャベツと米のでんぷん質のとろみで、心もお腹もホッとあたたまります。

野菜多め、米少なめの体に負担のない栄養バランスのレシピです。作り方をじっくり解説しますので、日本でもなじみの米と野菜でいろいろなリゾットを作ってみてください。１０５ページの野菜ペーストを作ってストックしておけば味も決まります。

加熱約50分

材料（２人分）

キャベツの葉…６～７枚
オリーブオイル…大さじ４
野菜ペースト（P.105 参照）…大さじ 1.5
　※なければコンソメキューブ 1/2 個
玉ねぎ（中）…1/3 個
白米…１合（150g）
白ワイン…1/3 カップ
パルミジャーノチーズ…20g
バター…10 ～ 20g

とろとろキャベツと

濃厚チーズが合う！

作り方

1　キャベツの葉はざく切りにする。

2　フライパンにオリーブオイル（大さじ 2）とキャベツを入れ、蓋をして弱火で 20 分ほどおく。

3　鍋に湯（700mℓ）*を用意し、野菜ペーストを入れて溶かしておく。

野菜ペースト

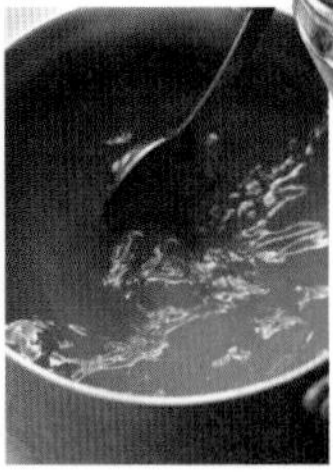

＊米に吸わせる出汁の量は火加減や鍋の種類、入れる野菜の水分で微妙に変わります。足りないと感じたらお湯を足せば OK です。

4　玉ねぎはみじん切りにする。別のフライパンにオリーブオイル（大さじ 2）と玉ねぎを入れ、弱火で炒める。玉ねぎが透き通ったら、米を生のまま入れて 1〜2 分炒める。

＊リゾットを作るときのタイムラインは P.101 を参照。

5　中火にして白ワインを加えて混ぜる。

6　野菜ペーストを溶かした出汁3をお玉に2杯分加えて混ぜる。

常に表面がふつふつと沸いているように火加減を調節し、米が水分を吸って煮汁が減ってきたら、また出汁をお玉2杯分加えて混ぜる。10分ほどこれを繰り返す。

水分と米のでんぷんが合わさってとろりとしたクリーム状になるように。

7　6にキャベツ（2）を入れて混ぜる。出汁がなくなるまでお玉2杯分ずつ加えながら、10分ほど煮る。

8　煮詰まったら火を止める。削っておいたパルミジャーノチーズとバターを加えて混ぜ、3分ほどおいて余熱で蒸らす。

乾燥きのこのうま味を利用

ポルチーニのリゾット

イタリアでポルチーニはきのこの王様。香り高い独特の風味が愛されています。きのこの産地にはポルチーニが採れる秘密の場所があり、誰にも教えないようにしている人もいます。旬にいただくフレッシュなものもおいしいですが、乾燥させるとうま味が増し、リゾットにぴったりです。干ししいたけと同じように水で戻せばいいので、乾燥ポルチーニをストックしておくと、メニューに困ったときや友人が来たときにいつもとちょっと違う料理を作ることができて便利です。

きのことお米の組み合わせは、遠い国の料理ながら日本人の心にグッとくるものがあります。使い慣れない食材かもしれませんが、きっと気に入っていただけると思います。

加熱約30分

材料（2人分）

ポルチーニ（乾燥）…20g
野菜ペースト（P.105 参照）…大さじ 1.5
　※なければコンソメキューブ 1/2 個
玉ねぎ（中）…1/3 個
オリーブオイル…大さじ 2
白米…1合（150g）
白ワイン…1/3 カップ
パルミジャーノチーズ…20g
バター…20g

白ワインにぴったりな
風味豊かなリゾット

作り方

1 乾燥ポルチーニは水（700mℓ）に30〜60分浸けてもどす。

2 もどし汁の中でポルチーニの汚れを丁寧に落としてから別の容器に移す。ボウルに残ったもどし汁を茶こしなどでこして鍋に移す。野菜ペーストを加え、火にかけてあたためておく。

もどし汁は500mℓほどあればOK。

3 玉ねぎはみじん切りにする。フライパンにオリーブオイルと玉ねぎを入れ、弱火で炒める。玉ねぎが透き通ったら、米を生のまま入れて1〜2分炒める。

4 中火にして白ワインを加えて混ぜる。

5 もどし汁（2）をお玉に2杯分加えて混ぜる。

常に表面がふつふつと沸いているように火加減を調節し、米が水分を吸って煮汁が減ってきたら、またもどし汁をお玉2杯分加えて混ぜる。10分ほどこれを繰り返す。

水分と米のでんぷんが合わさってとろりとしたクリーム状になるように。

6 ポルチーニを加えて混ぜる。

7 もどし汁がなくなるまでお玉2杯分ずつ加えながら、10分ほど煮る。

8 煮詰まったら火を止める。削っておいたパルミジャーノチーズとバターを入れてさっと混ぜ、3分ほどおいて余熱で蒸らす。

リゾットを作るときのタイムライン

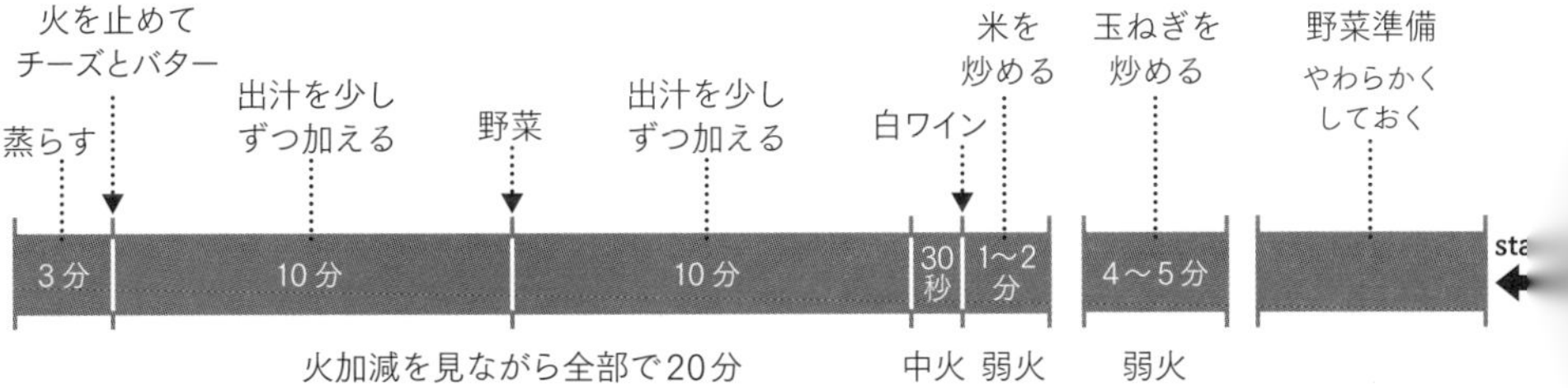

アスパラガスのリゾット

アスパラガスが旬の時期に、たくさん使ってリゾットを作りましょう。とろりとしたお米の煮汁にアスパラガスの味が合わさり、見事な一体感が生まれます。一度にたっぷりアスパラをいただくアスパラ天国な気分です。エシャロットは玉ねぎよりもあっさりした味わいです。

材料（２人分） **加熱約30分**

アスパラガス…10 本
エシャロット…１個
　※なければ玉ねぎ（中）1/3 個
野菜ペースト（P.105）…大さじ 1.5
オリーブオイル…大さじ４
米…１合（150g）
白ワイン…1/3 カップ
パルミジャーノチーズ…20g
バター…10 ～ 20g

エシャロット

作り方

1 アスパラガスは根元とハカマを取り除き、穂先は縦半分に切り、茎は５㎜厚さの輪切りにする。エシャロットはみじん切りにする。

2 鍋に湯(700㎖)を用意し､野菜ペーストを溶かしておく。

3 フライパンにオリーブオイルとエシャロットを入れ、弱火で炒める。エシャロットがしんなりしたらアスパラガスを加え、蓋をして弱火のまま５分ほどおいてから別の容器にアスパラガスを取り出す。

4 同じフライパンに米を生のまま入れ、中火で１～２分炒める。米が透き通ってきたら白ワインを加えて混ぜる。

5 **4**に野菜ペーストを溶かした出汁（**2**）をお玉２杯分加えて混ぜる。常に表面がふつふつと沸いているように火加減を調節し、米が水分を吸って煮汁が減ってきたら、また出汁をお玉２杯分加えて混ぜる。10 分ほどこれを繰り返す。

6 **5**にアスパラガス（**3**）を入れて混ぜる。出汁がなくなるまでお玉２杯分ずつ加えながら、10 分ほど煮る。

7 煮詰まったら火を止める。削っておいたパルミジャーノチーズとバターを入れてさっと混ぜ、３分ほどおいて余熱で蒸らす。

カブのリゾット

カブは北欧料理でよく使われますが、私が住んでいたイタリア中部地方ではたまに見かける程度でした。イタリア人はオリーブオイルと塩で炒めたり、トマトで煮たりします。このレシピは日本に戻っていろいろな野菜でリゾットを作る中で思いつきました。

材料（2人分） **加熱約40分**

カブ（小）…5～6個
玉ねぎ（中）…1/3個
野菜ペースト（P.105）…大さじ1.5
オリーブオイル…大さじ2
塩…少々
米…1合（150g）
白ワイン…1/3カップ
パルミジャーノチーズ…20g
バター…10～20g

作り方

1 カブは一口大の乱切りにする。玉ねぎはみじん切りにする。

2 鍋に湯（700mℓ）を用意し、野菜ペーストを溶かしておく。

3 フライパンにオリーブオイルと玉ねぎを入れ、弱火で炒める。玉ねぎが透き通ったらカブを加え、塩をふって蒸気をのがさないようにぴったりと蓋をして弱火のまま15分ほどおく。

4 中火にして米を生のまま入れ、白ワインも加えて混ぜる。

5 **4**に野菜ペーストを溶かした出汁（**2**）を米がかぶるくらいまで入れる。米が水分を吸って煮汁が減ってきたら、また同量になるよう出汁を加えて混ぜる。出汁がなくなるまでこれを繰り返す（全部で20分ほど）。

6 煮詰まったら火を止め、味見をして塩気が足りないときは塩で味をととのえる。削っておいたパルミジャーノチーズとバターを入れてさっと混ぜ、3分ほどおいて余熱で蒸らす。

ブロッコリーのリゾット

ブロッコリーの茹で汁にはしっかり濃い味と香りがあるので、ほかのレシピのように野菜ペーストやコンソメを使う必要はありません。茎も一緒に使って、ブロッコリーまるごとのおいしさを味わいましょう。バターでコクを出すところをオリーブオイルで代用すると、よりあっさり仕上がります。

材料（2人分） **加熱約35分**

ブロッコリー…1株（約400g）
玉ねぎ（中）…1/4個
塩…小さじ1
オリーブオイル…大さじ2
米…130g
白ワイン…1/3カップ
パルミジャーノチーズ…20g
オリーブオイル…大さじ1
　※またはバター…20g

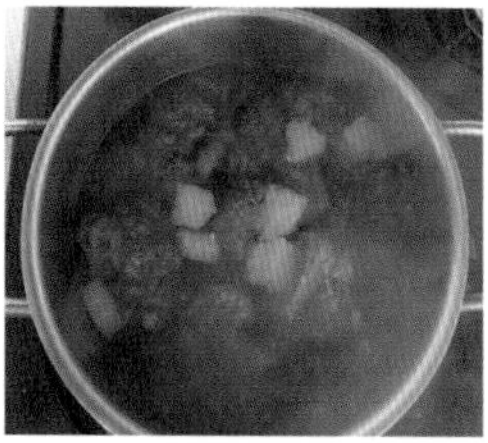

2

作り方

1 ブロッコリーは小房に切り分け、茎の根元のかたい部分は薄く皮をむいてから2㎝角くらいに乱切りする。玉ねぎはみじん切りにする。

2 鍋に湯を1ℓ用意してブロッコリーと塩を入れてやわらかくなるまで10分ほど茹で、ザルにあげる。茹で汁を500mℓ分取っておく。

3 ブロッコリーは飾り用の小房と茎を取り出して小さめに切り、残りをブレンダーにかける。

4 フライパンにオリーブオイルと玉ねぎを入れ、弱火で炒める。玉ねぎが透き通ったら米を生のまま入れ、1〜2分炒める。中火にして白ワインを加えて混ぜる。

5 **4**に取っておいたブロッコリーの茹で汁をお玉2杯分加えて混ぜる。常に表面がふつふつと沸いているように火加減を調節し、米が水分を吸って煮汁が減ってきたら、また茹で汁をお玉2杯分加えて混ぜる。茹で汁がなくなるまで15分ほどこれを繰り返す。途中、10分ほど経ったところで切っておいたブロッコリーを加える。

6 最後の茹で汁を入れたあとに**3**でピュレ状にしたブロッコリーを加えて混ぜ、5分ほど煮る。

7 煮詰まったら火を止める。削っておいたパルミジャーノチーズとオリーブオイルまたはバターを入れてさっと混ぜ、3分ほどおいて余熱で蒸らす。

リゾットの味付けにはこれ！
ほかの様々な料理にも使える
野菜のうま味ペースト

野菜ペースト

野菜のリゾットを作るならこの野菜ペーストをストックしておくと、味の相性もよくとても便利です。にんじんとズッキーニと香味野菜をオリーブオイルと塩で煮詰め、ブレンダーにかけるだけ。塩をたっぷり使うので冷蔵庫で１年以上保存がきき、ミートソースやシチュー、ピラフ、グラタン、カレーの隠し味やスープの味付け、完成した料理の味がちょっと物足りないときにも重宝します。料理に塩を足さずにすみ、役割的に味噌に近いかもしれません。ぜひ作ってみてください。

加熱約1時間10分　作り置き

材料（500gくらい出来る量）

ズッキーニ…１本
にんじん…１本
バジル…100g
イタリアンパセリ…50g
セロリの葉…１本分
セージ…５～６枚
オリーブオイル…大さじ３
塩…70g

作り方

1 野菜はすべて適当な大きさに切り、鍋に入れる（くたくたにやわらかくしてブレンダーにかけるので、サイズの大小はあまり気にしなくてOK）。

2 塩とオリーブオイルを加え、蓋をして弱火で1時間ほど煮る。

3 2をブレンダーにかける（さらにこし器でこすと、料理の見栄えがよくなる）。

4 鍋にもどして中火で10分ほど水分を飛ばすように混ぜながら煮詰める。

5 煮沸した瓶に入れ、竹串などで気泡をつぶして空気が入らないようにして、蓋をかたく閉める。熱がとれたら冷蔵庫で保管する。

2

5

シンプル・イズ・おいしい！

オリーブオイルのある食生活を25年続けてきてよかったことと言えば、食べるものがシンプルになったことかもしれません。

地中海沿岸の国々の料理は素材が命。良い素材を良い油を使って調理すれば、それが一番おいしいと考えられています。ここまで紹介したレシピでもそう実感していただけると思いますし、イタリア家庭で出てくる一見複雑に見えるパスタソースも、トマトとオリーブオイルを煮詰めただけだったりします。シチューやスープも、いろいろな野菜を鍋でクタクタにしただけのものが原型です（野菜だけでじゅうぶん味が濃い）。

ウンブリアの田舎暮らしでは野菜は畑で育て、鶏や羊は庭でさばき、豚は解体して生ハムなどの保存食を作り、チーズ作りの集まりに参加していました。一から作って食品が何で出来ているのかを紐解き、あ、これはこんな野菜やスパイス、油でできているんだと発見するのはエキサイティングでした。西洋の食品はたいていのものに油脂が使われており、特にすぐ食べられるように加工してある食品には複数種類の油脂が含まれています。誰かが加工して見えなくなってしまう油

ブラックオリーブを収穫したあと、オイル漬けの作業中。2007年頃。

ウンブリア生活２年目から自分の畑で大量のトマトを収穫し、１年分ストックしていました。

も、手作りすれば安心。使う油の質を良くすれば食生活の質はおのずと底上げされます。私の個人的な体験ですが、毎日の食事でおいしいエキストラバージンオリーブオイルを摂っていると、正体不明の油脂が使われた加工食品やスナック菓子を無性に食べたいと思うことが自然に減りました（かつてはそういう衝動がよくありました）。

　副菜にオリーブオイルで焼いたじゃがいも（P.20）を一品加えるとポテトチップスを食べたいとほとんど思わなくなり、おやつに食べたいと体が欲するのは果物やドライフルーツ、ナッツをたっぷり使ったケーキや焼き菓子で、それもシンプルな材料で手作りしています。お菓子作りに使う油はオリーブオイルのほか、バターやひまわり油などどれも吟味して良いものを選ぶようになりました。

　今もパスタやパン、パイ生地は小麦粉から作り、肉も精肉業者さんから仕入れて自宅でさばいたり、鶏ガラスープを手作りしたりしています。こうしてシンプルさの虜になり素材を吟味して手作りばかりしているとときどきやっかいな人だと思われることもありますが（笑）、もっと突き詰めているイタリア人の友人もいて、彼らに食事をふるまうときは私もさあ大変だと気合いが入ります。健康食をとことん追求する姿勢（国民性？）に感心しますし、どんどん新しい情報も入ってくるので会話の糸口にもなっています。みなさんにもぜひ、材料がこれだけでいいなら、ちょっといい素材を使ってみようかな、とワクワクしてもらえると嬉しいです。

阿佐ヶ谷暮らしの今も、パンやサルシッチャ（ソーセージ）、チーズも手作りしています。

自作した生ハムを、切るのが上手な名人に切ってもらっているところ。

味が濃くなる
オーブン焼き

かりっとした焦げと
ジューシーな甘みが
たまらなく美味！

加熱の仕方

低温（140〜160℃）から
中温（170〜190℃）の
オーブンで、
30分からときには
1時間以上加熱。

レシピを参考に、焼き加減を見て調節してみてください。

オリーブオイルをどう使う？

野菜にまわしかけたり
和えたりしてから、
オーブンで焼く。
野菜をやわらかくする
段階で炒めるときも
オリーブオイルを使う。

道具は…

ガスオーブン
もしくは電気オーブン。

私はガスオーブンを使っていますが、電気オーブンの場合、ガスオーブンより20℃高く設定すると同じようにできます。家にあればぜひ作ってみてください。

味つけは…

最も野菜の味が濃く
ジューシーになる
調理法なので
そのままですでにおいしい。
ハーブやスパイスの香り、
チーズやアンチョビの
うま味など、いろいろ
掛け合わせて楽しめる。

一気にたくさん作りたい

ミニトマトのコンフィ

ミニトマトをごく弱火のオーブンでじっくり焼いて水分を飛ばすと、やわらかくジューシーになります。うま味と甘みがギュッと凝縮されたミニトマトは、そのままパンにのせたり、パスタソースにしたり、他の料理の味付けのアクセントにもなります。フライパンでグリルするのと違って、素材の水分をしっかり飛ばすこともオーブンの役目のひとつ。より濃厚なうま味に出合えます。

加熱約1時間30分　**作り置き**

材料

ミニトマト…500g
塩…大さじ 1/2
三温糖…大さじ 1
　※なければ普通の砂糖でも
オリーブオイル…1 カップ
オレガノ（乾燥）…適宜
タイム（生）…適宜

作り方

1 ミニトマトはヘタをとって半分に切る。タイムは指先で茎をおさえ、やさしくすべらせて葉を摘んでおく。

2 天板にオーブンシートを敷いてミニトマトの切り口を上にして並べ、塩と三温糖、オレガノとタイムをまんべんなく散らし、オリーブオイル（1/2 カップ）をまわしかける。

3 100℃のガスオーブン（または 120℃の電気オーブン）で、1 時間 30 分を目安にミニトマトがやわらかく、セミドライになるまで焼く。

4 仕上げにオリーブオイル（1/2 カップ）をまわしかける。蓋のついた保存容器に入れれば、冷蔵庫で 1 週間ほど保存可能。

ジューシーなうま味が
ジュワッとあふれる！

低温のオーブンで
じっくり焼くと
中心までくたくたに

野菜のオーブン焼き

なんてことのない料理ですが、オーブンで水分を飛ばすことで味が濃く凝縮され、オリーブオイルが野菜のおいしさを引き出します。味付けは塩だけで、飽きずにお皿いっぱい食べられます。ポイントは良い野菜と良いオリーブオイルを使うことと、低い温度でゆっくり焼くこと。材料は目安です。なんでも使ってみてください。

作り方

1 じゃがいもは皮をむいて6〜7㎜厚さの輪切りに。かぼちゃは種をとって3〜4㎜厚さにスライス。ピーマンは種をとって乱切りに。長ネギは斜め切りに。ズッキーニは1㎝厚さの輪切りにする。

2 天板に分量の半分のオリーブオイルを直接塗り広げ、野菜をランダムにおく。上から残りのオリーブオイルをまわしかけ、塩をふる。

3 160℃のガスオーブン（または180℃の電気オーブン）で、45分を目安に野菜がやわらかくなるまで焼く。

材料（2〜3人分）**加熱約45分**

じゃがいも…4個
　※今回はピンクのノーザンルビーと
　紫のシャドークイーンを2個ずつ
かぼちゃ（小）…1/4個
ピーマン…2個
長ネギ…1本
ズッキーニ…2本
オリーブオイル…1/2カップ
塩…少々

2

ズッキーニの香草パン粉焼き

ズッキーニは生や少しの加熱だとかたくて薄味ですが、じっくり加熱するとうま味が出てトロッとした食感になります。香草とアンチョビがアクセントのパン粉焼きに。

材料（２人分） **加熱約30～40分**

ズッキーニ（中～大、熟れたもの）…４本
アンチョビ…４～５本
イタリアンパセリ…２パック(約 30g)
にんにく…1/4 かけ
塩…少々
オリーブオイル…3/4 カップ
乾燥パン粉…大さじ３～４

作り方

1 ズッキーニは長さを半分に切ってから６～７㎜厚さの短冊状にスライスする。アンチョビは１㎝長さに切る。イタリアンパセリは根元を取り除いてみじん切りに。にんにくはみじん切りにする。

2 天板にオリーブオイル（1/4 カップ）を直接塗り広げ、ズッキーニを隙間なく並べる。塩をふってからアンチョビを１枚に１かけずつのせる。

3 ボウルにイタリアンパセリとにんにく、パン粉を入れて混ぜ合わせ、並べたズッキーニにまんべんなくふりかける。さらに上から残りのオリーブオイルをまわしかける。

4 170℃のガスオーブン（または190℃の電気オーブン）で30～40分焼く。ズッキーニに焼き色がつきやわらかくなったら出来上がり。

さつまいもの ローズマリー焼き

ローズマリーとオリーブオイルで、焼き芋にバターとは違った味が楽しめます。ビタミンも豊富でヘルシー。おやつや肉料理の付け合わせ、チーズをのせておつまみにも。

材料（２人分） **加熱約30分**

さつまいも（中）…１本
※しっとりタイプがおすすめ
ローズマリー（生）…１枝
にんにく…１かけ
オリーブオイル…1/2 カップ
塩…少々
こしょう…少々

作り方

1 さつまいもは洗って皮付きのまま、６～８㎝長さに切ってから６～７㎜厚さにスライス。ローズマリーとにんにくはみじん切りに。

2 ボウルにオリーブオイルとローズマリー、にんにく、塩、こしょうを入れて混ぜる。

3 さつまいもを**2**に浸してから、オーブンシートを敷いた天板に並べ、ボウルに残ったオイルを上からかける。

4 160℃のガスオーブン（または 180℃の電気オーブン）で、30 分を目安にやわらかくなるまで焼く。

トレビスの
オーブン焼き

イタリアの大人は苦い野菜が大好き。オリーブオイルで加熱すると苦みの中に甘みが出て、やみつきのおいしさになるからです。チコーリア（菊苦菜）の仲間トレビス（イタリア語でラディッキオ、英語でレッドレタス）もポピュラーな野菜のひとつ。ミルキーなモッツァレラチーズがよく合います。

作り方

1 塩水に漬かっているモッツァレラチーズは一口大にちぎってからザルにあげて上から重しをのせ、1時間ほどおいて水切りをしておく。アンチョビは1cm長さに小さく切っておく。

2 トレビスは縦に4等分に切って鍋に入れる。塩とオリーブオイル（大さじ2）を加えて蓋をし、弱火で20分ほど蒸し煮する。

3 オーブン用の耐熱皿に軽く水気を切ったトレビスを敷き詰め、モッツァレラチーズとアンチョビをまんべんなくのせ、オリーブオイル（大さじ2）をまわしかける。

4 170℃のガスオーブン（または190℃の電気オーブン）で30～45分ほど焼く。チーズに焼き色がつきグツグツ煮えてきたら出来上がり。

材料（2人分）加熱約45分

トレビス…2玉
モッツァレラチーズ…100g
塩…少々
オリーブオイル…大さじ4
アンチョビ…少々

4

3

2

リコッタチーズのナス巻き

ナスやパプリカは、イタリアではメイン料理にもなる野菜です。やわらかく焼いたナスでリコッタチーズを包んでオーブンで焼けば、とろけるおいしさに。ナスは揚げずに焼くことで、油を吸いすぎることなく、重たくくどくなりません。オリーブオイルだとヘルシーさと満足感の一挙両得で、胃が重たくならないのがうれしいところです。

作り方

1 （アク抜き）ナスは縦に３～４㎜厚さにスライスし、バットなどに入れて塩をふり３時間ほどおく。表面に出たアクはキッチンペーパーなどでふき取る。

2 フライパンにオリーブオイル（大さじ２）を入れ、ナスを中火で片面約５分ずつ、焼き色がつくまで焼く（量が多いので何回かに分けて）。

3 ミニトマトは薄皮をむき、半分に切って小鍋に入れる。蓋をして弱火で 30 ～ 45 分ほど、水分がなくなるまで煮詰める。ときどき様子を見て混ぜる。

4 リコッタチーズをボウルに入れ、削っておいたパルミジャーノチーズを加えて混ぜ合わせる。

5 焼いたナスを皿などに広げ、**4**のチーズをスプーンでのせてからくるくる巻く。合わせた部分を下にしてオーブン用の耐熱皿に並べていく。

6 **5**の上からトマトソース（**3**）をのせていき、オリーブオイル（大さじ３）とオレガノをかける。

7 160℃のガスオーブン（または 180℃の電気オーブン）で 30 分焼く。

＊焼き立てより、一度冷ましたほうが味がなじんでうま味が増します。

材料（２人分）**加熱約1時間25分**

ナス…４個
　※手に入ればフィレンツェナス、
　なければ長ナスや米ナス
塩…少々
オリーブオイル…大さじ８
ミニトマト…500g
リコッタチーズ…100 g
パルミジャーノチーズ…20g
オレガノ（乾燥）…少々

ウンブリアの家の畑で育てていたフィレンツェナス。

前日から準備するごちそう

ナスのパルミジャーナ

これぞナス料理の王様。前菜にもなるし、レストランで肉や魚料理の代わりにメインとして頼むこともできる主役級の野菜料理です。フィレンツェナスや米ナス、トロナスなど油と相性のよいナスを選びましょう。トマトを煮詰めて作るトマトソースは、前日に作るなど工程を分けると料理を出す当日が楽です。揚げるといつまでも油を吸ってしまうナスは、3時間ほどかけてよくアクを抜いてから少しのオリーブオイルでゆっくり焼くと、軽い仕上がりに。いかにさっぱり仕上げるかに力を注いだうえで、とろとろのナスとチーズの濃厚さを楽しみます。チーズはぜひパルミジャーノチーズを。替えのきかないおいしさです。

私はよくお客様を招待するときに作ります。食卓に出すと瞬く間になくなってしまうこともしばしばで、頑張って作ってよかったと思えます。

加熱約2時間

材料（4～6人分）

ナス…6個
　※今回は米ナスを使用
オリーブオイル…レシピに記載
パルミジャーノチーズ…100g
塩…適量
【トマトソース】
ミニトマト…200g
バジルの葉…5～6枚
塩…少々

ミートソースみたいな濃厚さ！

おいしすぎて毎度、争奪戦

作り方

1 【トマトソースを作る】ミニトマトは薄皮をむき、半分に切って小鍋に入れる。バジルの葉と塩も入れる。

2 蓋をして弱火で50分ほど煮詰める。ときどき様子を見て混ぜる。

3 水気がなくなるまでしっかり煮詰めたら火からおろす。

4 （アク抜き）ナスはヘタと底を切り落としてから縦に7～8㎜厚さに切る。バットなどに入れて塩をふり、重ねていく。3時間はどおく。

5 表面に出たアクをキッチンペーパーなどでふき取る。

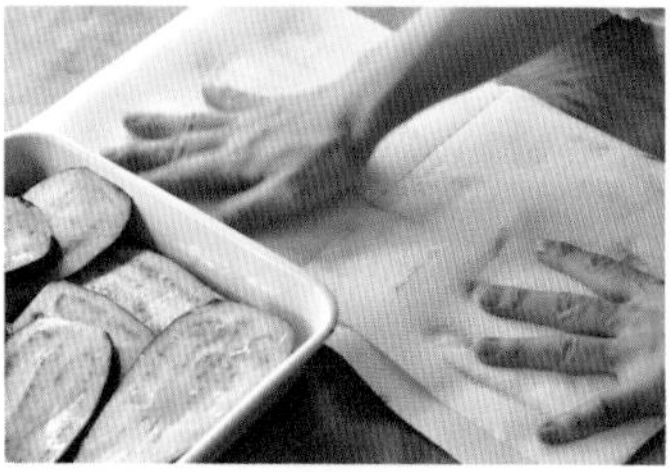

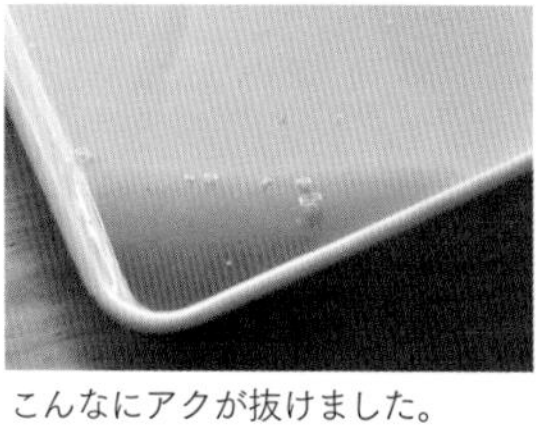

こんなにアクが抜けました。

6 フライパンにオリーブオイル（大さじ2.5ほど）を入れ、ナスを中火で片面約5分ずつ、焼き色がつくまで焼く。入れ替えるたびオリーブオイルを大さじ1ずつ足す。

フライパンは大きいものを使うか、ふたつ同時に使うと時間短縮になります。

焼いたら別の容器に移しておく。

7 パルミジャーノチーズは削っておく。深めのオーブン用耐熱容器にトマトソース→ナス→パルミジャーノチーズの順で層を重ねていく。

8 160℃のガスオーブン（または180℃の電気オーブン）で1時間ほど焼く。半日以上おいて味がなじんできたら食べごろ。

とろけるやわらか野菜は
パイやコロッケ、サンドイッチの具にもなれる

1 | 野菜炒めのパイ

くったり炒めて水分を飛ばした野菜料理はパイの具に最適。バターではなくオリーブオイルを使ったパイ生地ならパリッとして軽い食べ心地に。今回はレタスとレーズンと松の実の炒め物（P.14）を詰めました。アクセントにオリーブの実を入れても。

材料（約1ℓ分）

レタスとレーズンと
松の実の炒め物…P.14 の分量
※中火で水分をしっかり飛ばす

【パイ生地】

（直径 28㎝ 1 枚分）
中力粉…130g
水…100g
塩…小さじ 1/3
片栗粉（打ち粉用）…1/2 カップ
オリーブオイル…1/2 カップ

作り方

1 ボウルに中力粉と水、塩を入れて混ぜ合わせる。よくこねてから 15 分ほど休ませる。

2 生地をもう一度軽くこねてなめらかにし、下に敷くほうが 20g ほど多めになるように2つに分ける。分けたものをさらに5等分し、丸めて片栗粉をまぶす。

3 丸めた5個をひとつずつ麺棒で円状にのばす（CD より少し小さめ）。4 枚の表面にオリーブオイルを小さじ 1/2 ずつ塗り広げてから重ね、最後にオイルを塗っていない1枚を置き、オイルがはみ出ないようにふちを閉じる。もうひとつの生地も同じようにする。

4 3を層がつぶれないようにのばしていく。まず力を入れず麺棒を全体に何往復か転がして、次に手でやさしくひっぱりながら生地の手前から 2/3 まで綿棒に巻き付けて、奥へ勢いよく転がす。生地を時計回りにずらしながらこれを繰り返し、下が 28㎝ほど、上が 26㎝ほどの直径になるように広げていく。

5 オーブンの天板にクッキングシートを敷いてオリーブオイルを塗ってから下の生地を置き、ふちを2㎝ほどあけて具をのせ、上の生地をかぶせてふちを閉じる。表面をフォークなどで 10 か所くらい刺して穴を開けておく。

6 表面にオリーブオイルをまわしかけ、220℃のガスオーブン（または 240℃の電気オーブン）で 15 分ほど焼く。こんがりきつね色になったら出来上がり。

5

6

2 ほうれん草のチーズコロッケ

コロッケの具といえばじゃがいもやホワイトソースですが、くたくた野菜はこれらの代わりにもなれます（シャキシャキ野菜ではこうはいきません）。サクサクの衣に香ばしいほうれん草、中でとろりと溶けるチーズは野菜嫌いの子供も夢中になるおいしさ。ワインやビールにもよく合います。

作り方

1 ほうれん草は洗って根を切り落とし、たっぷりのお湯の入った鍋に入れ蓋をして中火で 10 分ほど加熱する。

2 茹で上がったらザルにあげ、粗熱がとれたらよく絞って水気を切る。まな板の上に伸ばして置き、包丁で全体を軽くたたく。

3 **2**をボウルに入れ、塩とこしょう、ナツメグを加えてよく混ぜ合わせる。４等分して丸め、中にチーズを入れて包む。

4 卵液にくぐらせてから全体にパン粉をまぶす。

5 フライパンに1㎝ 深さのオリーブオイルを入れ、きつね色になるまで揚げる。

材料（４個分）

ほうれん草…１束
チーズ…20g
※グリュイエールチーズがおすすめ
塩…少々
こしょう…少々
ナツメグ…少々
卵液…1/2 個分
パン粉…適量
オリーブオイル…適量

3

3 焼き野菜のサンドイッチ

オリーブオイルをたっぷり使って焼いた野菜はバターを塗らずそのまま挟むだけでパンになじみます。P.113 のズッキーニの香草パン粉焼きと同じレシピで作ったナスのサンドイッチをカツサンドと一緒に肉好きな息子のお弁当に持たせたら、「カツサンドよりズッキーニとナスのほうがうまかった」と報告され驚いた思い出があります。

毎日食べる食材、食べなくていい食材

地中海沿岸地域の長い歴史の中で発展してきた食生活は1950年頃から健康面が注目され、世界の栄養学者によって研究されてきました。毎日食べると良い食材から、頻度が少なくて良い食材までを表したピラミッド型の図は広く知られています。

私が最初に知ったのはイタリアに渡って1年目、トスカーナからローマに拠点を移してすぐの頃。ローマの市場で魚を買おうとしたら「今日は月曜日だから魚はないよ」と言われ、魚は週に2回市場に並ぶことを知りました。もとは宗教上の慣習で、今は他の日にも買えますが基本的に火曜と金曜が魚の日だそうです。他の食材についても肉は魚より頻度が少なく週に1～2回程度、毎日摂取するのは野菜、果物、豆類、オリーブオイル、木の実など植物由来のもの、などイタリア人の中に健康な食に対する共通イメージがあることがわかり、その元が地中海式食事法だと知りました。魚より安価な肉は日本の10分の1程度の値段で、加工肉も目をみはるほど見事なものもお値打ち価格。手軽さに負けて摂取量が増えればやがて腎臓や肝臓に負担が

地中海式食事法のピラミッド図

（　）内は目安となるポーション数。1ポーションはレストランでの1皿（1人前）の分量です。

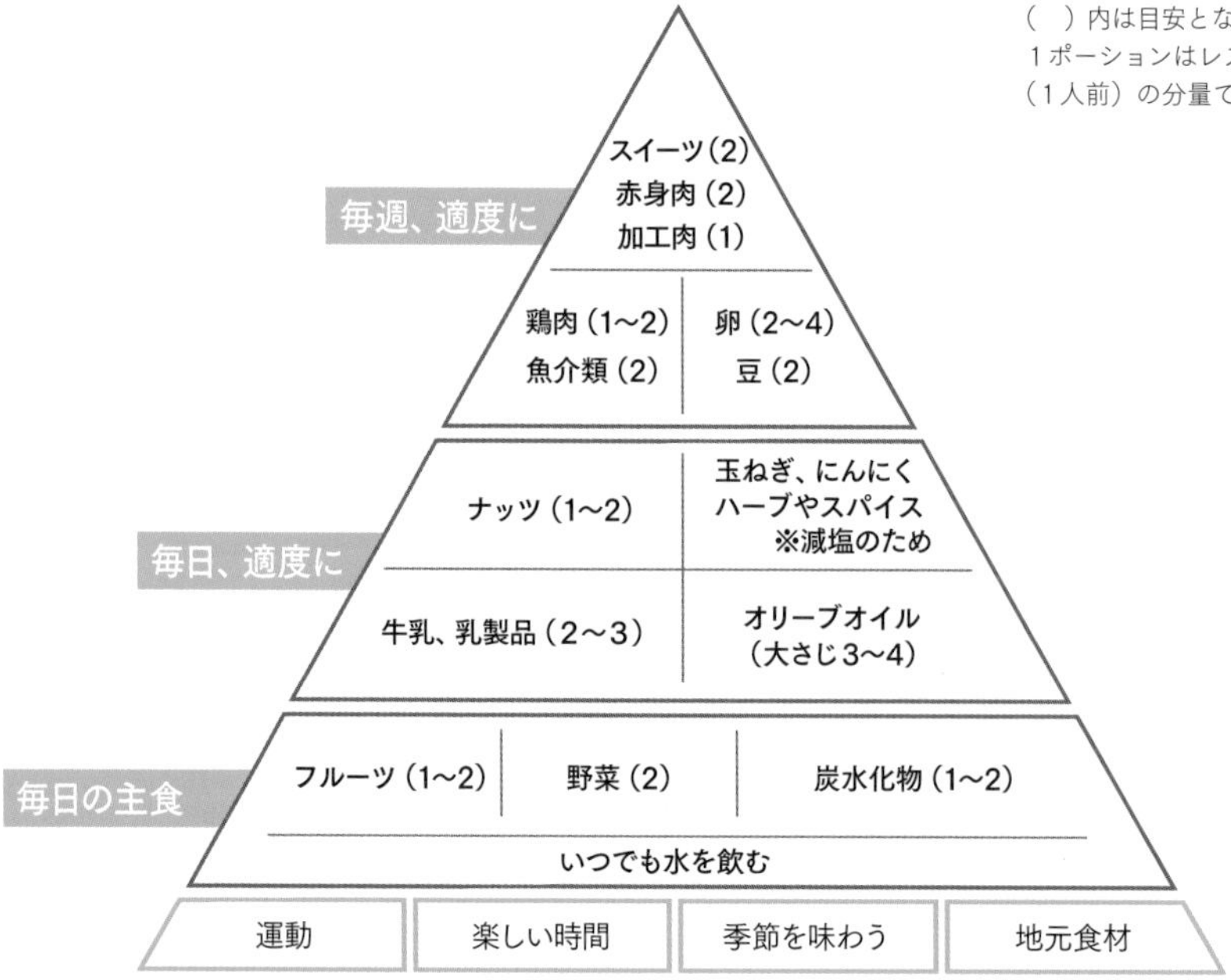

協力：ウンベルト ヴェロネージ財団（Fondazione Umberto Veronesi）

かかることを長い歴史の中で心得ているのかもしれません。

野菜やオリーブオイルが主役

私が知った20年前のピラミッド図では炭水化物が一番下にあって毎日食べるべしとされていたのですが、最新のものでは最底辺は「水」で、次の段に毎日食べるメインの食材として野菜が1日に2回以上、フルーツと炭水化物が1～2回ほどと内容が更新されていました。

時代とともにアップデートされることはありますが、この食事法の主役は今も昔も野菜とナッツ、果物、オリーブオイルに含まれるポリフェノール類と、ビタミン類の抗酸化作用。中でもオリーブオイルの重要性は不変です。P.34で取材したセルヴィリ先生は「地中海式食事法は食のルールにとどまらない生活様式であり、オリーブオイルはその中心的存在。実際的に健康を支えるだけでなく、これさえあれば安心という心の拠り所でもあります」と話します。

地中海沿岸で生まれたオリーブオイルは古代から現在まで、人々の健康に寄与してきた縁の下の力持ちなのです。

毎日豪華な肉料理、魚料理を作らなくていいと思うと気が楽

このピラミッドが頭に入ると、今日の昼は野菜とチーズとパンだけにしよう、夜は豆のスープでいいな、と意識して肉を食べないようになります。ウンブリアの田舎では魚は手に入りにくく肉も一頭まるごとさばかないといけないので、自然と野菜中心になりました。家族もピラミッドを理解しているので、肉が大好きな息子も毎日食べるのではなくたまの肉料理で大満足。私もたまに作るから丹精込めてとびきりおいしいものをと気合が入ります。毎日豪華な肉や魚の料理を作らなきゃいけないわけではない、と思うと気が楽だなあと思います。

日本に戻ってからはこの食事法一色ではなくなりましたが、いくつものおかずの献立を考えるのが億劫なときはこのピラミッドを思い出して、本書にあるような野菜料理とチーズだけでいいや、と無理をしません。胃腸の負担も少ないので体調もよくなります。和食やアジア式の発酵食も大好きなので、組み合わせながら楽しんでいます。

ローマ世界最古の市場

Point

1. 基本の飲み物は水。毎日たくさん飲む。
2. 毎日野菜をたくさん、その半分の炭水化物（できれば未精製のもの）と果物を摂る。
3. 1日に脂肪分の少ない乳製品 125㎖ほどを2～3回、生のエキストラバージンオリーブオイル大さじ3～4杯。他の良質な油分として殻付きのナッツ類を1日 30g ほど。塩の代わりに玉ねぎやにんにく、スパイスや香草を使う。
4. 以下は毎日の摂取はすすめない。魚、豆類は週2回ほど。卵は週2～4個、チーズはフレッシュチーズなら 100g、熟成チーズなら 50g。
5. 以下は頻度を減らす。赤身の肉は2切れ（100g ほど）を週に2回以下、サラミ類は週に 50g 以下。最後に菓子類は可能な限り少なめに。

本書に出てくる野菜一覧

日本では野菜をさっと熱を通したアルデンテの状態で少量食べることが多いかもしれませんが、イタリア田舎風にしっかり火を通しくたくたにすると１回に食べる量が増えます。

地中海沿岸原産の野菜

オリーブオイルとの相性抜群です。

イタリアのいつもの野菜

家庭でたくさん食べる定番野菜。

豆

豆は野菜の延長線上のたんぱく源です。

香草・ハーブ

塩こしょうの代わりにフレッシュな香り付けを。

日本のいつもの野菜

阿佐ヶ谷暮らしでレシピを考えました。

玉ねぎと仲間

主役というより香りや食感のための名脇役。

きのこ

イタリアでは秋に自然に生えるのを食べます。

おわりに

ローマの街の中心で暮らしていた数年間、ときどき息抜きにジャーナリストの夫と二人でイタリア国内やスイス、オーストリアなど近隣諸国を自転車で旅行していました。普通のシティバイクに着替えと洗面用具、自転車の工具など20㎏の荷物を載せ、毎日80㎞くらい走って地中海の島をめぐり、アドリア海の海沿いやアルプスの山々、中部イタリアの丘陵地帯などひたすらペダルをこいで移動していました。

ウンブリア州は何度か訪れていて、なだらかな丘陵地帯のところどころで遭遇する中世の美しい街並み、緑がいっぱいでクーラーがいらないほど涼しい夏、なんて気候がよくて過ごしやすいところなのだろうと、行くたびにどんどん好きになっていきました。ちょうどインターネットが普及して都心にいなくても仕事が可能になってきた時代で、ローマへのアクセスも悪くない場所でした。私は4～8歳まで親の転勤で宮崎に住んだことがあり、その頃刻み込まれた野山への憧憬も影響した気がします。こんなに空気がきれいな場所で緑に囲まれて暮らしたいと思い、家を探して移り住むことにしました。

1999年の8月末に引っ越して、古い石造りの家や小石がゴロゴロ転がった手つかずの広い庭を整備し、周辺の散策などしているうちに11月がやってきました。普段静かな村が活気に満ちている、どうしたのかなと思っていたら村中のオリーブ畑でオリーブの収穫がはじまったらしく、人々は熱々のエスプレッソを魔法瓶に入れ、生ハムを挟んだパンをかじりながら、寒い中、日が暮れるまで収穫作業をしているのが見えました。数日経つと大家さんが「うちのオリーブオイルが出来たから」と、おすそ分けしてくれました。緑が濃くて無濾過《ろか》だから濁った色をしているオリーブオイルです。暖炉の炭火でパンをあぶり、たっぷりのオリーブオイルをかけて口に運ぶと、大きな深呼吸で鼻から胸まで吸い込みたくなる青草のさわやかな香り。別物、という言葉が浮かびました。今まで味わったことのない、油とは思えないほどさらっとした軽い味わいにすっかり惚れ込んでしまい、こんなにおいしいオリーブオイルを日本の皆さんにも知ってもらえたらと店を開いた次第です。

ウンブリアで見つけたとびきりおいしいものを、家族や友人に知ってもらいたいと思う感覚でした。専業主婦だった母も協力してくれて司法書士や税理士を訪ねて、商工会議所や銀行などにも通い、なんとか会社を設立。最初は卸しができればと思って販売業者に話をもちかけましたが、農家のオリーブオイルだと言っても受賞歴があるわけでもない名なしのオイルなので「間に合ってます」とあっさり断られ、たまに会ってくれる方がいてもよいお返事はありませんでした。これは自分で売るしかないと方針転換し、物件を探しに探して見つけたのが、今の阿佐ヶ谷の店です。

当時は母も私もまったくの素人で、包装はどうする？　パンフレット作らなくちゃ！　とひたすら目の前に起こる事を次から次へとこなす毎日でした。イタリアから遮光《しゃこう》瓶を取り寄せたら、小さな店にクレーンで運ぶような大きなパレットに何千本も入って届き、開けるとまるで黒い海のように空き瓶が倒れていて、どうするのこれ……？　と途方に暮れたことも。泊まり込みで作業した夜、母が積み重ねたダンボールの上にエアーパッキンを敷いて寝床を作り、「あったかいのよこれ」と言ったのも忘れられません（笑）。

何年か経って、ある日店に商社マンだという男性が現れ「いや〜、よくがんばりましたね。この店は1年持たないだろうって噂だったんですよ」と言われました。そのとき、誰から見ても無謀な試みだったんだと悟りました。なんとか20年続けてこられて多くの方に感謝しております。

本書は、これまでお店に来てくださった方や遠方からお取り寄せいただいた方とのやりとり――「どうやって使うの？」「温野菜にかけるだけでも」「油料理に使っていいの？」「もちろんです！」「この前こうしてみたらうまくいかなかったんだけど……」「それはですね……」などのたくさんの会話から生まれました。オリーブオイル料理に興味を持たれたすべての方に、私がオリーブオイルの名産地で知り、日本の暮らしの中でなじませたレシピを知っていただければ幸いです。ご質問がありましたらいつでもお聞きください。それではまた。

２０２１年　オリーブが実る季節に

朝田 今日子（あさだ・きょうこ）

1975 年、東京生まれ。中学生の頃から続けていた美術の勉強のために 20 歳でイタリアに留学し、トスカーナ州のシエナ外国人大学、ローマの語学学校で学ぶ。イタリア人ジャーナリストのシルヴィオ・ピエルサンティ氏とともに 1999 年から 11 年間ウンブリア州で暮らす。2001 年に阿佐ヶ谷にオリーブオイル専門店『ブオーノイタリア』をオープン。2010 年より東京に拠点を移す。著書に『オリーブオイルのおいしい生活』（文春文庫 PLUS）、『イタリア、ウンブリア地方のオリーブオイル・レシピ』（河出書房新社）。イタリアで出版された『Il Giappone in Cucina』（HOEPLI 社）もロングセラーに。

ブオーノイタリア

東京都杉並区阿佐谷北 1-8-7

定休日　毎週木曜、第 3 水曜

2001 年の開店以来、毎年 11 月にマッシモさんが収穫・搾油した無濾過のエキストラバージンオリーブオイルを販売。グランサッソの麓で採取される非加熱の天然はちみつも人気。入荷状況やレシピなどをホームページやインスタグラムで発信中。

www.buonitalia.jp

Instagram：@buonitalia.asagaya

オリーブオイルで とろけるやわらか野菜《やさい》

2021 年 6 月 25 日 第 1 刷発行

著　者　朝田《あさだ》 今日子《きょうこ》

発行者　鳥山靖

発行所　株式会社文藝春秋 〒102-8008 東京都千代田区紀尾井町 3-23

電話 03-3265-1211

印刷・製本　光邦

DTP 制作　エヴリ・シンク

ISBN 978-4-16-391376-6

Printed in Japan